高校体育教学与运动训练探索

骆书於　秦毅君　刘明君◎著

吉林文史出版社

图书在版编目（CIP）数据

高校体育教学与运动训练探索 / 骆书於，秦毅君，
刘明君著. -- 长春 ： 吉林文史出版社，2023.8
ISBN 978-7-5472-9607-3

Ⅰ．①高… Ⅱ．①骆… ②秦… ③刘… Ⅲ．①体育教
学－教学研究－高等学校②运动训练－教学研究－高等学
校 Ⅳ．①G807.4②G808.1

中国国家版本馆CIP数据核字（2023）第149922号

GAOXIAO TIYU JIAOXUE YU YUNDONG XUNLIAN TANSUO

书　　名	高校体育教学与运动训练探索
著　　者	骆书於　秦毅君　刘明君
责任编辑	张　蕊
出版发行	吉林文史出版社有限责任公司
地　　址	长春市福祉大路 5788号
印　　刷	北京四海锦诚印刷技术有限公司
开　　本	787mm×1092mm 1/16
印　　张	12.75
字　　数	297 千字
版次印次	2023年8月第1版　2023年8月第1次印刷
定　　价	52.00 元
书　　号	ISBN 978-7-5472-9607-3

前　言

体育教学作为高校教学中的一个重要组成部分，必须以学生全面发展为中心，使学生养成终身体育锻炼习惯，使教育目标朝着多元化、科学化、人性化方向发展，培养符合社会需要的复合型人才。体育运动训练是一个促进身体素质发展，提高其技战术运用能力的过程，随着体育教育水平的提升，体育教育工作者逐步认识到运动训练与体育教学之间的紧密联系，运动训练与体育教学是相辅相成的，只有将运动训练与体育教学合理地结合，才能够保障体育教学的有效性，进而保障教学质量与水平。

本书以"高校体育教学与运动训练探索"为选题，在内容编排上共设置七章：第一章阐述高校体育教学的主要目标与规律、高校体育教学的内容及发展趋势、高校体育教学的方法及其优化；第二章探索高校体育教学模式及其选择依据、高校体育混合式教学模式、多媒体教学模式、移动课堂教学模式、智慧课堂教学模式；第三章研究高校体育课堂教学与实践、高校体育课堂教学设计及策略、高校体育课堂教学评价与改革、高校体育教学中专业人才的培养；第四章围绕高校体育教学中人力资源的管理、保障资源的管理、师资队伍的管理、社团管理展开论述；第五章探究高校体育运动训练及发展趋势、高校体育运动训练计划的制订、高校体育运动科学化训练策略分析；第六章分析高校体育运动中力量与速度素质训练、高校体育运动中耐力与柔韧素质训练、高校体育教学与运动训练的协调发展；第七章探讨高校体育运动训练中新媒体、大数据、信息技术与虚拟现实技术的创新应用。

本书注重章节之间的逻辑性、连贯性等，从而确保内容的完整性和系统性，并且将理论与实践相结合，力求做到体育教学与训练的理论精练、实践性强，满足广大体育教学工作者的现实需求。

本书的撰写得到了许多专家学者的帮助和指导，在此表示诚挚的谢意。由于笔者水平有限，加之时间仓促，书中所涉及的内容难免有疏漏与不严谨之处，希望各位同行、专家、教师提出宝贵意见。

作　者
2023 年 5 月

目　录

第一章　高校体育教学概论

第一节　高校体育教学的主要目标与规律

一、高校体育教学的目标

"体育教学目标来源于体育课程目标，是预期的学生学习结果或学习活动预期应达到的标准。体育教学目标是指体育教学活动主体预先确定的、在具体体育教学活动中所要达到的、利用现有技术手段可以测量的教学结果。"[1]

（一）高校体育教学目标的结构

1. 外部特征

高校体育教学目标的外部特征，就是不属于体育教学目标内容以内，但规定着体育教学目标内容的特点与标志等。具体而言，体育教学目标的外部特征主要如下：

（1）体育教学目标的层次。体育教学目标是有层次结构的，且不同的层次结构在功能方面是有一定差异的。此外，体育教学目标的层次结构又有横向与纵向之分。

体育教学目标的横向层次反映了各种具体的体育教学目标之间的关系。具体来看，体育教学目标从横向角度大致可以分为知识目标、体能目标、技能目标和情意目标。这四个目标彼此之间相互独立但又有一定的联系，在总体体育教学目标的实现过程中发挥着重要的制约作用。

体育教学目标的纵向层次反映了体育教学目标的上下层次关系。具体来看，体育教学

---

[1]　张细谦. 体育课程与教学论 [M]. 广州：广东高等教育出版社，2013：23.

目标从纵向角度大致可以分为课程教学目标、水平教学目标、学年教学目标、单元教学目标、课时教学目标等。

（2）体育教学目标的着眼点。教学目标都是围绕着需要解决的问题来制定的，"需要解决的问题"便是教学目标的着眼点。只有切实明确了教学目标的着眼点，所制定的教学目标才能更具针对性和可操作性。基于此，高校在制定体育教学目标时，需要明确待解决的教学问题。

2．内部要素

体育教学目标的内部要素主要有如下三点：

（1）条件。条件是决定目标难度的因素。在规定目标难度和学习进度时，可以利用目标中的条件因素来进行变化。以排球垫球为例来说，目标"自己抛球后将球垫起"和"接垫同伴隔网抛来的球"在难度上是不同的，正是垫球的条件不同使得难度也不同。

（2）标准。在对目标难度进行改变时，衡量标准也是一个十分重要的因素。以排球垫球为例来说，目标"垫出的球要达到 2 米的高度，并落到本方场地中"和"垫出的球要达到 3 米的高度，并落到本方场地的前半场"在难度上是不同的，而使难度不同的是垫球的标准。

（3）课题。课题同样是改变目标难度的有效因素。一般来说，课题是通过改变动作形式（运动课题）来使目标的难度发生改变。

（二）高校体育教学目标的功能

分析体育教学目标的功能，能够帮助人们更好地了解与掌握体育教学目标，并为体育教学目标的设计提供科学依据。具体而言，体育教学目标的功能主要有如下四点：

1．定向功能

体育教学目标是对体育教学目的的反映，而体育教学目的所要达到的效果和方向就是定向功能的实现。因此，在体育教学的开展过程中，体育教学目标发挥着指导性的大纲作用，即体育教学活动是在体育教学目标的指导下开展的。基于此，体育教师在开展体育教学活动时，必须以体育教学目标为指导。

2．激励功能

高校在开展体育教学活动时，必须以实现一定的体育教学目标为前提。体育教学目标确定之后，对体育教师和学生都能产生一定的激励作用。就体育教师来说，当体育教学的目标确定之后，会激励其为实现这一目标而全身心投入体育教学工作，并在工作中始终保持较高的热情，确保体育教学目标能够顺利实现。对学生而言，体育教学的目标确定之后，会激发其参与体育教学活动的兴趣和积极性，这对于体育教学取得理想效果具有积极的意义。

3. 规范功能

体育教学相比其他学科教学来说，要更为复杂。再加上新课程标准对体育教学提出的新要求，使得体育教学的难度进一步加大。在此影响下，部分体育教师在开展体育教学活动时，很可能出现无法保证体育教学科学性的情况，继而导致体育教学无法取得理想的效果。要避免这种情况的发生，让体育教师切实明确体育教学目标的规范作用就是一种十分有效的手段，即切实依据体育教学目标来选择教学内容、实施教学行为等，以确保体育教学的科学性和有效性。

4. 评价功能

在体育教学目标的诸多功能中，评价功能也是十分重要的组成部分。体育教学目标的评价功能，就是以体育教学目标为标准评价体育教学活动的效果。比如，足球课程教学的目标之一是让学生掌握足球运动的相关知识与技能，那么在评价足球教师是否完成教学活动时，就需要考虑参与课程的学生是否掌握了相关的足球运动知识与技能，即课程目标中明确给出的教学内容。

（三）高校体育教学目标的分类

体育教学目标具有多种功能，因而人们尝试从各个不同的角度对体育教学目标进行研究，其中一个角度就是体育教学目标的分类。总的来说，体育教学目标的分类体系是多种多样的。

美国教育心理学家布卢姆根据教育目标的分类对象和应遵循的原则，将教学目标分成认知、情感和动作技能三大领域，每一个领域的目标又按由低级到高级分成若干层次。

布卢姆教学目标分类理论将认知教学目标从低到高依次分为知识、领会、应用、分析、综合、评价六个层次；将情感教学目标分为接受、反应、价值的评定、价值的组织、价值或价值系统的性格化五个层次；将动作技能教学目标分成知觉、准备状况、在引导下的反应、机械化动作、复杂的外显反应、适应、创作七个层次。这一体系以外显行为作为教学目标分类的统一基点。

二、高校体育教学的规律

（一）与学生身心发展水平相适应的规律

"学校体育作为一种社会文化，对其的理解与认识必须和时代的变革同步。[1]"教育和教学必须与学生身心发展水平相适应，这是一条基本规律，体育课也必须遵循这条规律。体育课要促进学生的一般发展和特殊发展，这就要求体育课的目标要定得适当，教学方法、手段等也要适当。要达到这点，就必须了解学生的现有发展水平，针对学生的"最近发展区"，促进其不断发展。

（二）遵循学生生理和心理指标起伏变化的规律

在体育课的教学活动过程中，学生生理和心理两方面都承受着不同强度和数量的负荷，引起一系列生理和心理指标的变化。由于在体育课的教学过程中，学生有各种不同的学习活动方式，如听讲、观察、进行身体练习、帮助同伴以及休息等。选择不同的学习活动方式，对学生身心会有不同程度的影响，于是学生肌体生理指标和心理指标的变化便易呈现出波浪形。出现这种高低起伏变化的情况是体育课教学特有且客观存在的，体育课的进行要遵循这个规律，保持合理的生理、心理起伏变化的节奏。

（三）遵循感知、思维和实践结合的规律

体育课上学生大部分时间是在从事身体练习，耳、眼和肌体等感官会直接感知动作，同时大脑积极思考如何行动，肌体去协调做动作。在这之中，直接感知是基础，思维是核心，实践是归宿，这三个环节是紧密结合的，缺少哪一个都会影响体育教学的效果。因此，这也是体育所必须遵循的规律。

（四）遵循掌握体育知识技能螺旋式上升的规律

体育课教学要向学生传授有关知识、技术和技能等。在掌握了某一种知识、技术和技能以后，如果不及时强化，就会遗忘或消退。在前面传授的知识、技术、技能衰退现象出现之后，后面的体育课应及时改变这种现象，调整教学策略，使前面学习的知识、技术、

---

① 王丹. 体育教学的理论与实践探索 [M]. 北京：北京理工大学出版社，2019：18.

技能得到巩固、完善和提高。所以，学生掌握体育知识、技术、技能螺旋式上升，也是体育课教学应遵循的一条规律。

第二节　高校体育教学的内容及发展趋势

"体育教学内容是体育教学目标与体育教学实施的中介，是体育课程内容的一个有机组成部分。"[①] 教学内容是将书面知识转变为学生自身知识储备和运动能力的一个中间媒介，它需要在一定的教学环境中，通过科学的教学方法和手段才能够得以实现。

一、高校体育教学内容的目标与要求

（一）传统性体育教学内容的目标和要求

1. 体育保健目标和要求

体育保健教学内容的目标：教授学生卫生保健知识和原理，让学生通过学习体育知识，对体育教学有一个初步的认识，如体育对于人的成长的主要作用，体育学习对于个人、社会和国家所具有的重要意义等，从而促使学生自主自觉地加入体育锻炼的队伍中。体育保健教学内容的设定要以社会发展状况和学生的实际需求为依据，并且要与后续的体育运动的教学实践相呼应。

2. 田径运动的目标和要求

田径运动教学内容的目标：通过田径运动的教学，让学生了解田径运动的基础理论和一般规律，掌握各项运动的基本原理和方法，这对于田径运动技能的掌握，以及促进学生关于田径运动对身体素质提升起到积极作用的认识都具有重要的意义。

在过去的体育教学中，常常从竞技类运动的角度来分析和理解田径教学内容的作用。在新时代背景下，要求田径教学的内容设计和组织都应当从运动项目的特点、学生的适应度、技能的运用范围、文化背景等角度进行综合考虑，而非一味追求运动项目的竞技水平。同时田径运动的运动负荷一般都比较大，如果超出学生的负荷量则可能对其身体带来危害，因此为了保证教学和训练的效果，应当依据学生的体质和年龄特征对教学内容进行

---

① 刘佳，杨辉.体育课程教学论［M］.延吉：延边大学出版社，2017：27.

灵活调整。

3．体操运动目标和要求

作为重要的体育运动项目之一，体操运动在青少年群体中具有极高的热度，主要是因为操作简便，并且在维持人体各方面的平衡和健美的体形等方面具有非常突出的效果。

体操运动教学内容的目标：①让学生充分地了解体操运动文化，充分理解体操运动对健康的积极作用；②让学生掌握体操运动的基本原理和方法，帮助学生在日常生活的场景中通过体操运动达到健身效果；③引导学生在体操运动中的安全意识，尽量避免在锻炼过程中发生意外。

体操对提高身体的灵活性和协调性有着显著的作用，同时还能给学生带来较为理想的情感体验。这对体操运动教学提出了一定的要求，具体包括：①从生理健康、心理健康和竞技要求等多方面进行体操运动教学内容的设定；②注意教学内容的编制应具有一定的层次性，以保障学生的运动能力和运动水平处于稳步上升的状态；③注意因材施教，根据学生不同的身体条件开展区别化的专项训练，保证从整体上提高体育教学的质量。

4．球类运动目标和要求

球类运动品种较多，主要包括篮球、足球、排球、乒乓球、网球等。球类运动的总体的特点是充满激情、动感与活力，而且也具有较高的竞技性和趣味性，所以在青少年群体中很受欢迎。

球类运动教学内容的目标：①让学生了解球类运动的基础知识和比赛规则；②让学生掌握球类运动的一些基本比赛技能和技巧。

球类运动一般都是群体性运动，因为参与人数较多，赛场上形势瞬息万变，应对的方法也多种多样较为复杂，所以在安排球类教学的时候，就不能总是只针对某一项技能进行教学而忽视了该技能在具体竞赛情境中的应用，只有这样才能更好地掌握球类运动的基本特征和核心要点。此外，应注意教学内容的安排顺序和比赛实践的需求，注重技能训练的同时要着重培养学生的团队协作精神。

5．韵律运动目标和要求

韵律运动是现代女性特别喜爱的一种运动形式。与其他形式的运动最大的不同在于，韵律运动将舞蹈、音乐和运动完美地结合在一起，同时也融合了舞蹈、健美操和健身体操的元素特征。

韵律运动教学内容的目标：①通过日常授课内容，使学生了解韵律运动的基本特征，培养学生的节奏感和审美情趣，了解韵律运动的基本原则并掌握相关的技巧和套路；②通过韵律运动的学习，帮助学生形成健康的心理状态，塑造优美的身体姿态。

由于韵律运动是一项具有较强的表现性、可以塑造形体、对服装和音乐的选择都有较高要求的运动，所以韵律运动的教学也要着重培养学生的艺术素养和审美意识。此外，通过韵律运动的学习，学生要学会试着自己创编新的运动内容，因此要求学生要善于观察勤于思考，注意自身创新能力的培养。

6. 民族传统体育目标和要求

民族传统体育是一个民族发展历程的写照，可以集中体现出一个民族的精神和文化。

民族传统体育教学内容的目标：①通过对学生讲解传统体育的历史渊源，令学生对我国传统体育有更加深刻的了解，激发学生的民族自信；②向学生教授一些传统体育的技能和技巧，既可以强身健体，同时也是对中华民族传统体育文化的一种传承和发扬。

民族传统体育教学内容的要求：①在编排传统体育教学内容的过程中，要注意与现代性思维和生活方式相结合；②在传承体育文化精髓的基础上，同时也要考虑民族传统体育在现代生活中的实际运用。

（二）新兴体育教学内容的目标与要求

当今社会科技高速发展，人们生活水平大幅度提升，相应地，各国政治、经济、文化等方面也发展到了新的阶段。由此，许多新型的体育运动项目逐渐兴起并迅速流行开来。

1. 乡土体育的目标和要求

乡土体育是体育教育改革和创新的产物，是由体育教学研究者开发出来的、具有健身效能和浓厚的乡土特质的一种新兴的体育课程资源。

乡土体育运动的教学目标是：让学生对我国乃至全世界的一些民间体育和民俗风情产生一定的了解，并有选择地学习和掌握一些具有地方特色的乡土体育项目知识和技能，让更多的人来了解和学习具有当地特色的体育运动项目和体育文化。

乡土体育教学内容的要求：注意乡土体育内容的文化传播功能，关注锻炼的安全性和规范性，吸取其中的具有文化意义和健身价值的积极因素，摒弃其中的负面因素和不正确的练习方式。

2. 体适能与身体锻炼的目的、目标和要求

体适能与身体锻炼教学内容的目标：通过体适能教学让学生掌握运动和身体锻炼的基本原则和方法，以此来帮助他们更加有效地提升运动技能。

体适能与身体锻炼教学内容的要求：教学要依据学生的年龄特征和他们的体质情况，

遵循青少年体育运动的基本规律。教学内容的选择要注意符合国家的相关规定，注意锻炼的科学性和时效性。

3. 新兴体育运动的目标和要求

新兴体育教学内容的教育目标：通过新兴体育运动的教学，使学生理解新兴体育的文化内核，激发学生对于体育运动的兴趣，并引导学生理解体育运动对于健康生活的意义，从而提升体育教学的效果。

新兴体育运动教学内容的要求：①要考虑新兴体育运动是否符合体育教学的基本要求；②注意教学内容的安全性、文化性和实践性，避免出现任何不利于学生身心健康的内容。

二、高校体育教学内容的编排

（一）高校体育教学内容的编排方式

高校体育教学内容的编排方式主要有以下两种：

1. 螺旋式编排方式

螺旋式的体育教学内容，是指某项运动项目的教学在不同的年龄或学段重复出现、逐步提高的一种设置方法。

2. 直线式编排方式

直线式教学内容的编排就是说某一项体育运动项目的理论学习和身体练习是一过性的、不间断的，一旦学过之后就不会再重复。

（二）高校体育教学内容的编排要领

在编排体育教学内容的工作中，要注意以下两点问题：

1. 充分考虑学生的基础与实际需要

体育教学的对象是学生，因此必须对学生的身体基础和理论基础有一个全面的了解，同时还要考虑到学生的实际需求，这样才有可能产生实际的教学效果。与此同时，体育教学难度上的安排也需要做缜密的规划，要保持一定的紧张度，又不能超出学生所能承受的负荷范围。

2. 高度重视不同的体育运动和身体练习的特征

在对体育教学的内容进行编排时，由于不同运动项目的运动技能的具体要求各不相同，因此需要对其进行学习、巩固并做一定的改进，在领会其运动练习的核心特征的基础上能够灵活运用。

三、高校体育教学内容的选择

（一）高校体育教学内容选择的依据

1. 体育课程目标

体育课程目标是体育教学活动的导向，因此体育教师对此要始终保持高度注意。体育教师可以根据体育课程目标去寻找或筛选合适的教学内容。体育课程目标为体育教学内容提供了先导和方向，所有体育课程目标的设立都必须经过专家的多方考证，以确保其科学性和可行性。体育科学化目标具有多元化特征，体育教学内容丰富多样，许多运动项目从某种程度上来说具有一定的共性，因此要对体育教学内容的主要特征进行分析，从中选出最具有代表性和最能够体现体育教学目标的教学内容。

2. 客观教学规律

（1）选择体育教学内容要注意体育教学的一般规律。在各个教学阶段都要选择与学生的年龄、身心发展规律、技能习得的规律以及他们的认知发展规律相匹配的体育教学内容。

（2）良好的体育教学的效果离不开学生的主动参与和积极的配合。对于青少年而言，面对自己感觉有趣味的、喜欢的内容，他们的学习积极性会大大增加，学习的效率也会倍增。因此，体育教师要充分利用这一点，在体育教学过程中加强师生互动，添加一些趣味性的元素，同时还要注意采用多样化的方式进行教学。

3. 学生发展需要

体育教育教学的对象是学生，高校体育教育的意义在于促进学生在身体素质和认知能力上能够获得相匹配的发展。体育教学内容要考虑学生的喜好和他们的适应性。将学生的切实需求与趣味性相结合，设置学生乐于接受的体育教学内容体系，使学生获得全方位的提升。

4. 社会发展需要

学生的个体发展存在于一定的社会环境下，而不可能脱离社会发展的实际状况独立存在。因此，在选择体育教学内容时除了考虑学生在健康方面的需求，社会发展的客观需求也应当被纳入考虑的范围。社会是实现个人价值的基础,体育教学内容必须有鲜明的时代性,要能够洞悉社会对人才有着什么样的要求和变化,并依此设立与之相适应的体育教学内容,以提高学生的社会适应性。

(二) 高校体育教学内容选择的原则

1. 教育性原则

(1) 从教育育人的基本观点出发,来对体育教学内容进行合理性选择。

(2) 将"健康第一"的思想落实到体育课程目标的设定和体育教学内容的选择上。

(3) 重视体育教学内容应体现积极向上、优秀的文化内涵,促使学生在获得体育运动技能方面提升的同时也可以在文化修养方面有所提升。

(4) 考虑体育教学内容所产生的效益是否具有均衡性和全面性。这里主要是指体育教育要促进学生在智力水平、思想品德、身体素质等方面的全面发展;同时还要注意不同年龄和不同学段的学生在身心发展特征以及学生个体之间的差异性特征,这些因素都是在体育教学选择中需要予以关注的问题。

(5) 体育教学内容选择还要与社会发展和普遍性的价值观一致,这将有利于学生的社会性和时代性的发展。

2. 趣味性原则

兴趣是提高学习效率最好的帮手。可以说兴趣是直接影响学生体育学习效果的一个主导性因素,因此体育教学应当突出其趣味性。

(1) 部分体育教学内容过于强调竞技水平,应直接摒弃或对其进行改良。不可否认多数竞技项目具有较高的健身价值和教育价值,但并不是所有学生都可以接受同等强度的实践教学。如果一味地用培养专业运动员的方法来进行日常的体育教学,会使学生对体育课产生抵触的情绪。

(2) 引导学生在体育运动上有多样化的兴趣培养,为学生的多元化发展准备必要的条件。

(3) 充分考虑到学生的喜好,尽量选择有一定趣味性的教学内容,同时还要积极选用游戏、竞赛、角色互换等多样化的课堂内容展开教学。

3. 实效性原则

实效性就是指教学内容的选择要具备简单易行的执行方法,带来较好实际教学效果的同时又能够促进学生的身心健康的发展。符合这些条件和要求的体育教学内容都是比较好的选择范围。

（1）实效性就是要讲究实际的教学效果，杜绝照本宣科。过去部分教学内容存在偏、难、旧的问题，在体育教学改革的进程中，这些问题被一一提出，国家相关文件要求一改过去教学过于依赖教材的现象，重视体育教学的实践，着重要提升体育教学的实际效果。

（2）体育教学的娱乐性与实效性。体育运动项目种类繁多、五花八门。体育教师在进行甄选时要注意时下流行什么、哪些项目是受学生所喜爱的、是否具有较高的健身价值和教育意义。只有注意这些问题才能够将体育教学与学生的生活联系起来，使学生形成正确的、积极健康的体育观。

4. 适应性原则

适应性原则的根本要点就是要求体育教学内容的选择要因地制宜。这主要是由于不同地区的地理环境、气候条件、文化习俗、经济发展水平等存在一定差异性，对于体育教学的目标内容的诉求自然也就不一样，因此需要区别对待，以实现体育教学效果的最优化。

5. 民族性与世界性相结合原则

体育教学内容既要体现出民族性特征，也要与世界体育发展理念和发展趋势完美对接，把我国建设成为名副其实的体育强国。

我们要以客观的眼光看待任何事物，既不能对自己民族性的东西盲目自信，对于舶来品也不能盲目地崇拜。体育教学的宗旨是既要跟上世界发展的潮流，又要体现民族特色。因此，这就需要我们在保持传统体育优秀部分的同时选择性吸收和借鉴国外的体育教育课程中的精华部分，形成具有时代性、先进性和中华民族特色的体育教学内容。

（三）高校体育教学内容选择的过程

1. 评估体育素材的价值

体育教师平常要多关注社会生活和社会的发展变化，从而在选择体育教学内容的时候可以根据社会的生产、科技、教育等方面的发展对人产生的影响，以及人们在体育健身方面的需求较之过去发生哪些变化，然后以此为基础对已有的体育素材进行具体的分析。需要注意的是，选择合适的体育教学内容需要进行科学的论证，要看其能否达到促进学生身心健康发展、激励学生自主进行体育锻炼、提升学生的思想意识水平等目标。然后依据所选的内容展开体育教学活动。

2. 整合运动项目与练习

体育运动项目种类繁多，运动的形式也各式各样，因此它们对于人体产生的作用也是不同的。基于以上事实，在实际的体育教学过程中，选择体育教学内容时，必须在高校体育教学目标的基础之上，分析各个体育运动项目对学生身体机能和体能素质具有哪些方面的促进作用，以及其中的原理，然后将不同侧重点和功能的体育运动项目进行整合、筛选、加工，最后形成具有全面促进学生身体素质增强的体育教学内容。

3. 选择体育运动项目

大部分体育运动项目都适合于作为高校体育教学的素材，关键问题就在于该怎样对这些体育内容素材进行选择和组合，以达成在有限的时间和空间内发挥出体育教学最大效能的目的。高校体育教学内容可选择的范围很大，要在教学的时间段完成全部项目的学习是不现实的，因此就需要在高校客观条件和学生全面发展的需求的基础上，选择那些具有代表性的体育健身项目来作为教学的重点内容。

4. 分析所选内容的可行性

选好体育教学内容，下一步就需要对地理环境、气候特征、体育场馆、器材设施等做一个全面的考察，并分析体育教学内容的可行性特征，制定出与之对应的弹性实施政策，以便在可控的范围内完成体育教学内容，保证教学的质量。

四、高校体育教学内容体系的构建

（一）高校体育教学内容体系的构建框架

1. 高校体育教学内容体系构建的基本框架

"体育教学的本质就是'一种针对运动技术和知识的教学'。在体育教学中，学生学会了运动知识并将之转化为运动技能，体育教学的本质就体现出来了。"① 体育教学内容多种多样，从表面来看似乎是杂乱无章的，但是如果对其深入观察和研究可以发现，所有优质的、合理的体育教学内容其内部是有其逻辑线的，实质就是通过对体育教学内容各要素——如学生对学习的兴趣、运动技能所需的基本动作的储备、学生自身的学习和思考能力、训练强度和训练时间等方面——控制，来提升各阶段学生对学习内容难度的适应性，进而在学生的整个体育学习的进程中，使得学生的体育知识和技能以及他们的学习能力都处于不断上升的过程，同时通过对教学内容各要素的控制最终达到提升学生的综合能力的效果。

---

① 蒋明建，左茜颖，何华. 高校体育教学体系的建设与发展 [M]. 长春：吉林大学出版社，2020：2

2. 高校体育教学内容体系构建的逻辑性

体育教学内容与教学目标是一脉相承的，这也就是说，体育教学内容的设计要遵循以教学目标为导向的思想，依据相应的体育课程教学目标的阶段性要求。这是因为课程目标的阶段性特征及其内在的逻辑性对于不同阶段的体育教学内容会产生重大的影响作用。根据学生的认知水平及其发展规律，学生由低年级到高年级的体育课程学习目标也呈循序渐进的关系，所以其教学内容的设置也应当是由少到多、由易至难、由表层至内在的过程。

高校体育教学内容体系构建的逻辑性就是要以科学化的体育课程目标为指导，充分遵循学生的学习认知规律、肌体适应规律、动作技能发展规律等客观规律，尤其要注意的是，体育课程内容要与学生在身体发育过程中不同的体能素质发展的敏感期特征相适应，抓住发展体能素质的最佳时期，以提高学生的身体素质和运动技能水平。

（二）高校体育教学内容体系的构建说明

1. 三类体育教学内容的相互关系

体育教学的三大内容是指基础类技术体育教学内容、提高和拓展类体育教学内容、终身体育教学内容，三者是基础与提高的递进式关系。通过对三类体育教学内容的逻辑性分析，邻近的两个内容之间既有基础性提高又有技术性提高的关系，所以在不同的年龄段选择排列体育教学内容时应充分考虑这一因素。

2. 体育教学内容体系构建的基本要求

要提高学生对体育运动技术的掌握程度，为践行终身体育的理念准备必要的技能基础，有效提升参与体育运动的实际效果，就要注意体育教学内容的完整性和系统性，具体应当做到以下三个方面：

（1）有明确的目标。根据国家对体育教学课程管理的要求来制定切实可行的课程目标，使得课程目标的确立与更好地开展高校体育课程的思想相契合。

（2）有科学的规定。在选择和规定体育教学内容和运动项目时，应当充分考虑地域性因素，比如当地流行和擅长的体育项目、当地传统体育的特征和优势，同时还要结合国家体育倡导的发展方向和发展理念。

（3）有一定的灵活性。从学校的层面上来讲，应根据学生的学段和体育运动学习的规律性特征进行选择，同时要尊重运动项目自身的技术逻辑性和教学的规律性特征，灵活选择体育教学内容，安排丰富多样的学习内容，既能保证学生学习的积极性，又能达到预期的教学效果。

五、高校体育教学内容的开发与发展趋势

(一) 高校体育教学内容的开发

1. 高校体育教学内容开发的意义

体育教学的教学内容是否科学将会对整个教学过程产生十分重要的作用，具体表现有以下四点：

(1) 使体育教学内容体系更加丰富。开放的体育教学内容，不仅可极大程度地保障体育教学目标得到有效实现，还能确保学生在未来可实现全面发展，成为对家庭、社会、国家有用的人才。体育教学内容在传统体育教学思想以及体育教学大纲的影响下，内容所涵盖的范围相对较为狭窄，不仅忽略了各地在经济、文化、教育以及学生发展上的不均衡性和特殊性，还忽略了地方、民族和学校本身所具有的特色。此外，课程内容的选择置换功能在上述种种因素的影响下也变得相对较为缺乏，只能适用于部分地区。针对高校体育课程内容进行开发，可进一步丰富、拓展以及充实体育教学内容体系，促进体育文化的传递、创新和发展。

(2) 对体育教师的专业发展起到促进作用。事实上，开发高校体育教学内容的实际过程，也是体育教师不断提高专业素质、积累教学经验的过程。因此，开发程度和开发范围势必会对体育教师的专业化程度及水平产生重要乃至于决定性影响。在教育改革持续深化的今天，素质教育倡导要注重学生的全面成长，体育教学深受其影响，在内容的安排上变得更加丰富全面。因此，当下对于高校体育教学内容的开发，大胆突破传统体育教学的不足，以期可以将体育教师的能量更加充分地释放出来，使其得以真正成为体育教学的主导者。

(3) 培养学生创新能力。大胆地对现有体育教学内容进行开发、开拓以及延伸是一件极其有益的事情，除了可以极大程度地培养学生参与体育运动以及学习的兴趣之外，还可以使学生能够以极大的热情投身到这一过程中。此外，丰富且开放的体育教学内容还可以其极为丰富的形式以及手段为学生打造一个良好的学习环境以及氛围，使学生们在感官、信息以及思维上获得刺激，在主观意愿的驱动下积极主动地投身参与到体育学习之中，逐步理解以及掌握体育知识、技能的同时，培养其吃苦耐劳、不畏艰辛的高尚情操。另外，高校体育教学内容的开发，还可以改变学生的学习方式，引导学生主动探索体育理论以及技能中蕴含的奥秘。高校学生作为教学主体，其对于体育的兴趣、知识、技能等均是构成

体育教学内容资源开发的有机部分。倘若学生能够以主动、合作、探究的方式走进体育课堂，这将学生的实践以及创新能力的培养十分有益。

2. 高校体育教学内容开发的目标

高校体育教师在开展高校体育教学这一过程中，一定要注意考虑周围的影响因素，将其充分利用起来，引导学生参与和学习的过程中逐渐在提高探索、发现、分析、解决问题等方面上的能力。体育教师一定要注意分清主次，在仅有条件下将那些有利于学生实现终身发展的体育教学内容放在首要地位。体育教师要以一种开放的态度不断学习新知，以此来不断充实自己，提高对信息的吸收、加工、储存、应用能力，进而敢于对体育教学的弊端进行改进、创新。通过对高校体育教学内容的开发，不仅可以培养学生运动兴趣和运动能力的提高，还能使学生实现身心健康发展，增强其社会适应能力，进而为我国社会培养出高素质人才。

3. 高校体育教学内容开发的主体

（1）体育专家与学者。目前，从事体育教学内容进行开发的主要人员是我国体育教学领域内的专家和学者。他们凭借较高的专业水准以及丰富的经验，对于我国体育教学领域现存的问题有较为深刻的理解以及认识。另外，这些问题的解决也同样有赖于经验以及专业素养。

（2）体育教师。在教学过程中，体育教师既是教学内容的具体实施者和操作者，也是体育教学内容开发的主导者。在开发教学内容时，体育教师除了需要充分利用体育教材、高校体育设施条件和课外体育活动的资源之外，还需要实地调查学生的需求，并以此作为依据，调整并开展后续的工作。

（3）学生。学生作为体育教学中的参与主体，对于体育教学目标能否实现具有决定性意义。在开发体育教学内容的过程中，学生的身体素质、运动技能水平、体育兴趣等都会对此过程产生极其重要的影响。此外，学生实际采用的学习方式也会在相当大程度上对体育教师选择以及开发具体体育教学内容起决定作用。

4. 高校体育教学内容开发的途径

（1）改造竞技体育项目。目前，竞技体育项目已经成为组成高校体育教学内容的主要部分之一。因此，开发或者革新高校体育教学内容，势必要对竞技体育项目加以改造，这点是十分重要且必要的。有一点值得注意的是，以体育教师为代表的相关人员在进行改造项目时，一定要基于体育教学所具有的独特特点、规律、目标与要求进行，使改造后的项目可以与体育教学内容的特点以及条件形成一致性，成为学生喜欢的体育项目。

（2）改造新兴运动项目。在国际大众体育持续发展的今天，更多国际流行的新兴体育项目涌入我国。这些项目不仅新颖，而且趣味十足，可以很好地满足高校学生的实际需求。由此可见，高校引进这些新型运动项目，势必会给高校体育教学注入新的活力，使体育教学在内容上花样更多，更加能够满足学生的实际需求。但是有一点需要特别注意的是，因为上述新兴运动项目通常都源于西方国家，因此对于运动设施或场地条件有特别的要求，甚至还有一些项目在安全方面存在一定隐患。针对这类新兴项目，体育教师在改造时一定要基于高校自身的场地、器材，以及现代新兴运动项目设定的运动规则、原理及方法，来对教学内容进行设计，使其可以和高校体育教学进行融合，更具有适用性以及实效性。

（3）改造民族传统体育项目。无论是蒙古族的摔跤还是藏族的歌舞等，均是我国历史积累下来的宝贵财富，深受广大人民群众的欢迎。在开发高校体育教学内容时，体育教师应该积极主动地对这些民族传统项目进行改良。

（二）高校体育教学内容的发展趋势

1. 教学内容的学段分化和教学需求化发展

过去，通常情况下体育教师选择教学内容的主要依据是体育教学目标或体育项目应具备的技术，因此在教学内容的选择上并不太严谨。新时期，高校体育教学内容有所不同，更偏重于对教学的科学性研究。体育教师在选择之初便会对教学内容加以多方考虑，除了关注教学客观条件之外，还关注不同年龄阶段以及不同性别学生的体育学习需求。

2. 教学内容更加关注学生的教学主体性

不管是选择体育教学内容还是确定体育教学内容，都需要综合进行考虑。在以前，高校体育教师在教学大纲的指导下，通常将教育工作者自身的价值取向作为选择以及确定体育教学内容的指导思想。在体育教学改革进程逐渐深化的今天，体育教学将以教师为重的思想逐渐转为以学生为重，根据学生的实际情况，以学生的价值取向作为指导，为学生设计以及确定教学内容。

3. 教学内容更强调学生综合素质的提升

传统体育教学，主要为竞技体育人才的发现以及培养服务。因此，在设计体育教学内容时，更重视学生体能、技能训练和水平达标，尽量选择更加专业化的体育运动训练技能。新时期，体育教育则有所不同。在素质教育理念和"以人为本""健康第一""终身体育"等教育理念的影响下，更侧重关注那些更有利于学生实现身心健康、全面发展的内容，在设定根本目的时也围绕其进行设置。具体来说，现代体育教学除了关注身体能力的提升之外，还关注心理、智能以及社会适应能力等多方面的提高。

4. 教学内容更注重学生的终身体育培养

在传统体育教学中，教师更重视提升学生的竞技能力，因此，体育教学中安排的内容多是带有竞技性质的内容。在现代体育教学，教师更加重视培育以及提升学生终身体育知识、技能，以期学生能够实现长远发展。现代背景下，不管是体育教学内容的教授抑或是传播，其最终目标都并非是学生的竞技水平得到提升，而是服务于学生的终身体育。依于终身体育教育教学总目标，体育教学内容在进行选择时应将健身性、运动文化传递性和娱乐性三者之间的关系协调好，使之更贴近学生生活，可以为学生的体育参与提供指导。

第三节　高校体育教学的方法及其优化

一、高校体育教学方法的主要作用与类别划分

（一）高校体育教学方法的主要作用

体育教学方法对体育教学活动的开展具有以下四点作用：

1. 促进良好体育教学氛围的营造

科学合理的体育教学方法有助于营造良好的教学氛围，使得学生对体育学习和参与体育活动的积极性得到大幅度的提高；通过适当的科学化的体育教学方法可以展现体育教师出色的人格魅力和体育教学水平，从而提升学生对于教师的信任度和认可度，学生的学习专注程度也随之提升，这对于形成良好的学习气氛也是非常有益的。从另外一个角度来讲，良好的学习氛围能够带动更多的学生一起投入体育学习，从而形成一种良性的循环，最终共同提高体育教学的质量。

2. 促进教学任务的完成

在体育教学活动中，体育教学方法可以为体育教师与学生之间的互动交流建立必要的联系，这对于顺利实现体育教学目标，高效完成体育教学任务具有极大的促进作用。

3. 促进学生身心素质的全面发展

任何一种体育教学方法的产生必定是受到某种或某些科学思想或理论的熏陶与影响，

因此任何一种体育教学方法都具有一定的科学性与和合理性。要达到促进学生身心健康发展的目标，就需要对体育教学方法进行合理的利用以及科学的组合使用。如果采用的体育教学方法和教学内容与学生的实际情况、学校的教学设施等客观条件相背离，不仅无法促进学生的学习能力的提高，还有可能会对学生的综合发展造成阻碍。对于体育教学而言，可以将体育教学方法视为学生对体育理论知识和运动技能进行体验和实践的过程。因此，体育教师既要为学生讲解相关的体育运动知识，又要引导学生积极进行体育运动的实践和训练，以此促进学生的全面发展。同时，科学运用体育教学方法还可以培养学生美好的情感体验，磨炼学生的意志力，这些对于学生的成长和成才都是非常有益的。

4. 促进体育教学质量的提高

通过科学的体育教学方法，能够充分激发出学生的学习兴趣与热情，调动学生的学习主观能动性，这对提高学生的学习效率和学生的体育教学质量具有积极作用。

（二）高校体育教学方法的类别划分

1. 传统体育教学方法

（1）语言教学法。语言教学法是指教师通过语言描述的方式进行体育知识、文化、动作要领、技术构成、教学安排等一系列教授活动的方法，学生通过对教师的语言的理解，逐步掌握知识的要点。

第一，讲解教学法。讲解教学法是指教师通过讲解来展开教学活动内容。讲解教学法一般用于体育理论的教学，应用该方法时体育教师需要注意学生所处的认知阶段和知识水平。如果讲解的深度和难度超出了学生认知能力的范围，让大部分学生感到难以理解，则说明教师阐释的方式或者选用的教学内容不适合学生。

第二，口头评价法。作为体育教学中的教学方法之一，口头评价是最为快速和直接的一种评价和提醒，它不拘泥于某个具体的时间点和地点，既可以在课堂中进行，也可以是在一节课结束之后进行。体育教师对学生的学习、练习以及获得的学习效果进行简要的、概括性的点评。口头评价可以按照评价的性质分为积极评价和消极评价两种：积极评价是带有肯定、表扬和鼓励性质的评价；消极评价则是由于学生的表现不够理想，具有一定的批评和鞭策作用的评价，该评价是以批评的性质为主。因此教师要尤其注意沟通的技巧，注意措辞的方式，就事论事，既要让学生充分认识到自己的不足之处，又要保护学生的自尊心，不能打击学生的自信心，而是要让他们扬起更进一步的风帆，迎头赶上。

第三，口令、指示法。口令和指示的语言凝练，短促有力，因此在体育教学的实践中教师可以适当通过口令指示给予学生一定的知识，这种方式尤其适用于体育教学中的动作教学。该方法有三个要点需要注意：①发令的声音要清晰、洪亮；②注意使用口令法和指示法的时机；③注意口令和指示发出的语速和节奏，太快了学生跟不上，太慢了会削弱其力度和有效性。

（2）直观教学法。直观教学法是通过对学生的视觉等感官进行刺激促使学生对体育知识产生深刻的了解。直观教学法的优势和特点是直接、生动、形象，因此产生的效果往往也更具有震撼力和持久性。体育教学中有以下最为常见的直观教学法：

第一，动作示范法。动作示范法，就是指在体育教学中，教师通过对教学内容的动作示范，来帮助学生熟悉动作的结构和动作的要领，同时对该技术动作有一个整体上的、比较形象化的了解。

第二，教具与模型演示。利用教具和模型等实际物体来辅助体育的教育教学，使学生对于技术结构的理解会更加简便和轻松。教具与模型演示的使用要点有三点需要注意：①根据教学内容实际的需要提前将教具和教学模型准备好；②教具、模型的展示要全面到位，尤其如果是对器材进行具体的介绍和讲解的时候，可以让学生近距离地观察和体验；③使用过程中要注意保护教具与模型，使用完之后要小心地收纳到指定的容器内，并放置到安全的地方以防损坏。

第三，案例教学法。案例教学法就是在体育教学中用反面对比和类比等方法来列举例子，让学生能够更好地理解所教授的内容。案例教学法的具体要求有两点：①例子的选取要适合，确保能够产生要达到的加强、对比等方面的作用；②选取有关战术配合的案例时，案例分析要尽量详尽一些，并且要注意从攻和守两个角度来进行分析。

第四，多媒体教学法。多媒体教学方法在现代体育教学中的使用越来越广泛，与传统的板书教学最大的区别和优势在于：多媒体教学可以形象生动地将教学内容展示出来，通过动画和视频演示、慢放和定格等操作，可以将每一个动作的每一个重点和细节都精准地定位、展示和分析，从而使学生对动作技术有更加快速、清晰、深刻的认识，这是传统的肢体示范和口头讲解都无法实现的。需要强调的一点是，多媒体教学法的运用需要多媒体教学设备等硬件条件的支持，也需要教师具备多媒体操作技能作为软件方面的支持。

（3）完整教学法。完整教学法在体育教学中有着较为广泛的应用，主要应用于教学实践课，重点强调体育教学过程中要注重完整地、不间断地对整个技术动作的过程进行展示，使学生产生动作的整体概念和印象。完整教学法在体育教学中的应用有以下三个要点需要引起注意：

第一，完整展示要及时。在语言讲解之后，要尽快进入整体展示的阶段，保持学生在认知上的连贯性，在语言讲解和整体展示的连续的双重作用下，促进学生对技术动作有一个正确的把握。

第二，前期的动作练习要适当降低难度。对于难度系数稍大的动作，教师可以先降低动作的难度和要求，引导学生完成完整的动作流程，然后逐渐增加难度，待学生比较熟悉动作流程之后，再按照标准动作的要求来完成整个动作的学习和练习。

第三，对动作的各个要素进行全面的解析，而不是仅仅局限于将动作连续地展示给学生看。这里的动作要素主要包括动作的发力点、支撑点，用力的方向、大小以及所有影响动作标准的细节因素。

（4）分解教学法。分解教学法与完整教学法相对，更适合高难度的运动项目。分解教学法的主要优势就是分步教学，将原本很复杂的动作变得更容易理解和模仿，很大程度上降低了技术动作的难度。具体来说，分解教学法的应用需要注意以下三个方面：

第一，学会选择技术动作的分解的节点，不能破坏整个动作的连贯性。

第二，注意依次教学和加强衔接练习。对于分解后的各个部分要按照其先后顺序进行练习，之后还要将各个环节的衔接处结合到一起，并对此做专门的强化练习。

第三，将分解法和整体法相结合运用，可以获得更好的教学效果。

（5）预防教学法。学生的体育学习和教师的体育教学一样也是一个开放性的过程，因此同样容易受到各种因素干扰。除此之外，学生的理解能力、认知水平、身体的协调性和体能素质等各方面的条件也存在较大差异，要求所有的学生都能够迅速掌握体育知识和动作要领显然是不现实的。在学习的过程中，学生不可避免地会出现各种各样的错误，这就要求教师要注意观察学生的动作练习的情况，总结出其中的规律性，指出错误发生的根本性原因并予以纠正。预防教学法正是针对学生的错误认知、错误动作这种现象而提出的一种具有预防、阻断效果的教学方法。

（6）纠错教学法。纠错教学方法是指在实际的教学过程中，教师发现学生发生了在理论认识和动作练习上的错误之后及时纠正的一种教学方法。主要体现在对于动作理解上的偏差而导致的错误，或者是由于不够熟练、达不到标准的技术动作，针对不同的情况，教师要对此加以分析，采用不同的引导方式。

（7）游戏教学法。游戏教学法，指教师通过进行游戏娱乐的方式使学生掌握体育知识要点。该教学方法应用比较广泛，可用于各个学习时期，尤其适合于低龄的学生。其最大的优势在于可以极大地调动学生的学习积极性。

（8）竞赛教学法。竞赛教学法就是通过组织各种比赛推进体育教学的一种方法。竞赛教学法可以提升学生各方面的综合能力，是一种比较理想的训练方法和教学方法。具体来说，比赛可以增加学生运动技能的实践经历，使得那些高难度的动作和技战术不是纸上谈兵，同时还可以锻炼学生的团队协作能力，以及面对突发状况的心理调适能力和应对问题的能力。竞赛教学法是体育教学当中具有特殊优势的一种教学方法，对于提升学生的心理素质、竞技水平以及他们的身体素质都有着不可取代的重要作用。关于竞赛教学法，其应用有以下四点注意事宜：

第一，具有明确的目标。一般是通过竞赛提升学生相关运动项目的技能水平。明确竞赛目的，通过竞赛切实提高学生的运动技能水平。

第二，合理分组。各个对抗队的人员实力要处于不相上下的水平，这样才能通过激烈的竞争获得共同的提高。

第三，客观评价。教师要密切关注学生在竞赛过程中的表现，既要从整体上把握，又要看细节的处理，只有做到这一点才能给学生以最客观和中肯的评价，从而使学生能够清晰地意识到自身的优势和不足，促进他们获得进一步的提升。

第四，竞赛教学法的前提条件是学生对于运动项目有一定程度的理解，并且已经熟练掌握相关的技术动作，这样可以有效避免由于不熟练带来的运动伤害。

这里只列举了一部分的体育教学方法，对于每一位体育教师而言，不能仅限于某一种教学方法，而是应当不断地尝试和学习新的教学方法，并结合教学的实际情况科学、灵活地选择和组合。这样可以显著提高体育教学的质量。

2. 传统体育学习方法

（1）自主学习法。自主学习法是指学生主动发现、分析、探索，独立自主地进行体育学习的方法，但这并不意味着学生可以完全脱离教师的指导，而是要在教师一定的引导下开展的自主性学习活动。体育教师指导学生进行自主性的体育学习，应当要注意以下四个方面：

第一，难度要适当。自主性学习的过程以学生自己思考与探索为主，这对于学生来说并不简单，因此教师要注意根据学生的年龄阶段、认知特点，为学生选择难度适当的学习内容，保证具有一定的挑战性，但又不至于无法完成。

第二，明确学习目标。教师要为学生的自主学习制定一个清晰的学习目标。通过这个学习目标学生要清楚地知道自己要完成的任务是什么、需要解决哪些问题以及要达到什么样的水平。

第三，学生要参照学习目标，在学习过程中学会自我调控：①对学习过程有一个整体的把握；②学会积累各种学习方法，并思考学习方法与运用场景之间的联系；③有创新思维，在对具体情境进行较为客观的理解基础上将已有的知识进行迁移和组合，从而创造出专属于自己的新策略。

第四，教师要对学生的自主学习给予适当的辅助与引导。学生的自主学习并不是放任不管的无组织学习，相反它更是一种有计划、有目标的学习过程，在这个过程当中教师要关注学生的学习进度，如果出现不妥当的情况，学生的学习路径或思考方式与学习目标发生偏离就需要及时给予纠正。

（2）合作学习法。合作学习法就是指在学习的过程中强调合作的重要性，强调学生之间的相互帮助和配合，通过合理地划分工作任务和相应的责任，最终能够共同圆满地解决问题，达到学习目标和任务，达到教师所设定的学习目标，完成教师布置的学习任务。

第一，确立学习目标，通过该合作式学习预期要达成的效果是什么，要重点培养学生在哪方面的能力。

第二，将全部学生分成实力相当的小组，依据任务的特点，注意将不同性格、性别、特长的学生合理搭配，使学生可以做到彼此之间取长补短。

第三，确定小组研究课题，引导学生合理地进行组内分工，并探讨如何提高全组的整体的学习效率。

第四，完成小组学习任务。

第五，各个小组之间进行学习和交流，分享各自的经验的心得，通过交流和分享各个小组可以相互学习，发现自身的优势和不足。

第六，教师关注、监督和评价学生学习的过程，并帮助学生一起做好学习的总结。

3. 传统体育训练方法

（1）重复训练法。重复训练法就是通过不断重复进行某一个训练内容来提高身体素质和运动技能的一种体育学习方法。重复训练法的核心和本质就是通过重复性的动作使得某一固定的运动性条件反射不断地得到加强，使得身体产生一种固定的适应机制，进而使学生实现对技术动作的掌握。

第一，重复训练法的类别划分。一般来说，重复训练法有两种分类方法：①按照训练时间的长短划分，分别为短时间重复训练法（低于30s）、中时间重复训练法（0.5～2min）、长时间重复训练法（2～5min）；②按照训练方式划分为间歇训练法和连续重复训练法。

第二，重复训练法的应用要求。①同一动作的反复练习容易使学生产生枯燥和厌倦之感，因此教师要关注学生的情绪的变化，并适当地进行调节；②注意训练动作的规范性，同时还要注意训练的负荷；③强调技术动作的正确练习，如果学生连续出现错误动作应停止练习，防止错误强化；④科学确立学生训练负荷、强度和频率，要依据运动项目的特征和学生的实际情况来设定。

（2）持续训练法。持续训练法就是无间断地、持续地进行某项身体练习的训练方法，其前提要求就是要保持一定的负荷、强度和运动的时间。

第一，持续训练法的划分依据。持续训练法的分类方法可以根据训练持续时间来划分：①短时间持续训练法；②中时间持续训练法，其中包括变速持续训练和匀速持续训练；③长时间持续训练法。

第二，持续训练法的应用要求。①持续训练法既可以用于单个技术动作也可以用于组合性的技术动作；②在训练开始前，应向学生介绍具体的训练内容及其顺序安排，同时提醒需要注意的要点；③持续训练过程中，体育教师要提醒学生注意训练动作的质量，并对动作的质量做出具体的要求，这样才能使持续训练获得比较好的效果。

（3）循环训练法。当训练内容较多的时候可以采用循环训练法。其具体操作就是将这些训练的项目先按照一定的原则进行排序，依次完成之后回到最初的任务开始训练，不断重复所有的训练内容。循环训练涉及不同的训练内容，因此在一定程度上可以增强学生对于体育学习的积极主动性。

第一，循环训练法的类别划分。循环训练法的可以按照运动负荷和训练的组织形式来划分。

以运动负荷作为划分依据，可分为三种训练方法：①循环重复训练法，各训练站点之间间歇时间没有严格规定；②循环间歇训练法，各训练站点的间歇时间有明确规定；③循环持续训练法，各个训练站点之间是连续性的，几乎没有间歇时间。

以训练组织形式作为划分依据，可分为三种训练方法：①流水式循环，按一定的顺序一站接一站地周而复始；②轮换式循环，各学生在同一时间点上练习的内容不一样；③分配式循环，先在站中练习，然后依次轮换练习。

第二，循环训练法的应用要求。①找出各个训练内容之间的内在逻辑和规律，合理安排它们之间的顺序；②训练不能急功近利，而是要循序渐进，一般情况是先练一个循环，坚持训练两到三周再增加一个循环，这样学生就有一个适应的过程；③注意一次训练不得超过5个循环。

（4）完整训练法。完整训练法就是指在整个训练过程中只完成某一个动作、某一套连贯动作或者某一个技术配合，其最显著的特征是整个训练过程流畅自然、一气呵成。完整训练法的应用的注意要点有以下三点：

第一，完整训练法比较适合于单一技术训练。

第二，如果是针对复杂的技能训练，就需要学生具有良好的基本技能的基础。

第三，在战术配合的完整训练中，教师要在战术的节奏、关键环节的把握等方面做适当的指导。

（5）分解训练法。分解训练与完整训练是相对而言的，是从训练内容的各个阶段和环节出发，对其中的每一个部分做精细化的研究和训练，并做到各个击破，最后达到整体掌握的目的。

第一，分解训练法的类别划分。依照划分依据不同，有以下四种训练方法：①单纯分解训练法，就是把训练内容分解成若干部分，然后分别练习；②递进分解训练法，就是把训练内容分解成若干部分，依照规律有序练习；③顺进分解训练法，就是训练内容分解后，先训练第一部分，再训练第一、第二部分、再训练第一、第二、第三部分……步步为营；④逆进分解训练法，就是与顺进分解训练相反，先训练最后一部分，再将前一个训练内容叠加训练。

第二，分解训练法的应用要求有三点：①科学分解，对于浑然一体联系紧密的部分不能强行割裂；②对各个部分要做精细化的研究，以便于达到训练动作的精细化、标准化；③熟练掌握各个分解部分之后，要进行完整练习加以巩固。

4. 新型体育教学方法

（1）娱乐教学法。增强学生体质是学校体育教学积极效应的重要方面，这一点似乎是毋庸置疑的。但是，在现实的教学过程中仍然有相当一部分学生对体育课堂的学习显得不感兴趣，所以不能积极主动地参与到体育活动当中来。

为了激发出学生对体育课的兴趣，更好地焕发出体育运动本身具有的独特魅力，就必须改变过去单一的教学形式，积极采用娱乐教学法，重新编排和组织体育教学内容；在娱乐教学过程的设计上，体育教师也需要下功夫，积极探寻每一堂课教学内容当中的娱乐性成分和娱乐性元素，或者考虑如何将娱乐性元素如游戏、音乐、竞赛、趣味性道具的使用等穿插到体育教学过程当中。当然，该做法会给教师的工作带来一定的负担和压力，但可以充分展现出体育教学内容的丰富性和趣味性，只有学生的学习兴趣提高了，学习效率就会随之得到提高。需要注意的是，在该方法的使用中要避免走纯娱乐的另一个极端，如果失去了培养学生强健体魄和学习能力的本质任务的把握，那将是得不偿失的行为。

（2）成功教学法。成功教学法就是按照学生的接受能力，将教学的技术动作的精华部分提炼出来，适当降低其整体的难度，鼓励学生凭借自己的意志力和理解能力顺利完成动作的学习。在该过程中，学生通过对技术动作的顺利完成体会到成功给自己带来的舒畅感和快乐感，这是任何外来的鼓励都无法比拟的，由此，学生对于体育学习的信心大增，坚信自己可以学习好其他的体育运动技能。

在一些对于体育学习丝毫不感兴趣的学生的了解中发现，相当一部分学生是由于自己体育运动的表现不够好，与其他同学比起来差距较大，由此内心对体育课程的排斥心理就越来越严重，而通过成功教学法可以重新燃起学生对于体育学习的信心，培养他们坚韧不拔的意志品质，形成正确的学习动机，这对于运动技能的提升是非常有益的。

（3）逆向思维教学法。逆向思维教学法是指以与常规思维相反的思维方式来开展教学活动的一种教学方法，从常规的思维角度来说，教师一般都会比较习惯按照技术动作自然发生的顺序来进行体育教学，但有时候按照反常的程序来教学反而可以取得更好的教学效果。在体育教学实践中，教师经常会发现学生总是学不会一个看似很简单的动作技能，尤其是当这种问题呈现出普遍性特征时，教师就需要用逆向思维来看待这些问题，因为很有可能问题不在于学生的"学"，而在于教师的"教"，如果教师能够及时地反思教学中是哪个环节出现问题还是整个教学方式的选用不适合。这种"反思"其实也是逆向思维教学法的一种体现。

（4）探究教学法。探究教学法就是指教师着意引导学生在教学过程中发现问题、分析问题，最终提出可行性方案而解决问题的一种教学方法。通过该教学方法，学生在探索和分析的过程中不知不觉地掌握了相关的知识和技能，同时培养出了高超的洞察力和知识迁移的能力。探究教学法符合现代教学教育理论以及以学生为主体的教学理念，因此越来越受到体育教师的重视。在探究教学法的应用过程中要注意以下三点问题：

第一，目的要明确。教师要提前确认研究计划，确保体育教学目标的实现。探究的目标模糊或者实际的教学与探究的目标相背离，会造成无效的教学，浪费师生的时间和精力。

第二，探究的内容和主题要与学生的运动水平以及他们的认知能力相一致。教学内容太简单的话，学生会感到没有激情和挑战性，继而产生无聊的感觉，内容难度设置太过于高深，又会打击学生对于体育学习的自信心。因此，教师要深刻理解这一点，引导学生做难度适中的探究性学习。

第三，对于一些难度偏大的探究性客体，学生通过努力仍然没有较为理想的思路的时候，教师要适度地启发和鼓励。

（5）微格教学法。微格教学法指的是一种为了将枯燥的体育理论知识变得形象生动更具有吸引力，而采用一定信息化技术手段的教学方法，即利用录像、音频等手段建造一种可操作可调控的体验系统，学生通过该体验系统进行体育理论的学习可以对体育知识和动作技能产生清晰明了和感性深刻的认识，从而大大提高他们的体育运动技能。在体育教学中使用微格教学法的具体步骤如下：

第一，提前准备好课件。教师需要在课前对视频进行剪辑处理，并制作成教学课件以应用于体育教学，将信息化技术应用于体育教学可以使得教学内容更加丰富和形象，这对于调动学生的学习主动性具有积极的促进作用。

教师在讲解了基本的体育理论知识之后，将视频或音频课件向学生展示出来。通过这些具有感性化的视听材料，学生对于体育知识和动作技能的理性认识会逐步加深，从而可以从根本上提升学生的体育运动技能。例如，在篮球技术的教学过程中，教师可以在上课之前搜集一些著名的篮球明星是如何完成这些技术动作或者战术配合的，然后将其剪辑成教学课件，学生通过这些视频，便于对技术动作的深刻理解，加上是自己敬仰的篮球明星的"示范"，这对于提高他们的信心和信任度都是极为有利的。

第二，以学生为主体，安排教学内容。这里主要是指教学内容要考虑到学生的发展方向以及关注学生本身的兴趣所在。一方面，微格教学在教学内容的选择上应当有针对性，要着重培养学生将来的专业或岗位所必需的素质和能力；另一方面，教师也要注意学生的时代特征和个性化特征，尽量选择具有典型意义和在学生群体中普遍受欢迎的体育教学内容。与此同时，体育教师还要注意在教学过程中给学生留下一定的思考的时间和空间，引导学生做进一步思考和探讨，让学生在和谐、温馨、互助的学习氛围中感受到体育学习的乐趣和意义所在。

第三，在实际的教学实施中，可以将播放视频和让学生反复训练两种方式交替进行。其具体流程为：①在进行教学示范时，教师可以通过高水平运动员的示范录像，方便学生形成技术动作的感性认识以便于模仿训练；②教师在采用微格教学法时，还可以结合多种体育教学方法，比如选用直观教学法和分解教学法，可以强化学生对于体育技能的理解和训练；③教师安排学生进行训练，当完成一个阶段的训练之后，教师安排所有的学生分批进行演示，同时拍摄演示的视频；④师生一起观看学生的演示视频，针对各个小组和队员的动作技能演示情况，师生一起展开分析和讨论，然后教师要对学生训练的结果做出客观的评价，指出训练过程中出现的错误动作并及时纠正。

微格教学法用于体育教学还有三个需要注意的细节问题：①在教学过程中，体育教师可根据体育教学的实际情况选用慢镜头或者回放，以便学生能够看得更加清晰明了；②通过自己的演示视频，学生可以自行将其与标准动作做比较从而很容易就找出自己的问题所在；③通过师生的评价以及教师的指导，学生可以在分析和比较中找出问题的原因所在及解决办法。

第四，课程结束后，体育教师可以反复观看教学的视频，对教学过程中的不足之处进行优化，同时通过微格分析处理也可以达到一定的优化效果。

（6）情境教学法。情境教学法是指在教学过程中，教师有目的地引入或创设具有一定情感的、形象化、具体化的场景，能够引起学生一种积极的反应态度，并吸引他们自觉投入，积极参与学习活动的一种教学方法。情境教学法的主要优势是，可以促进学生对于教材的理解，促进学生的健康心理素质的形成；激发出学生对于体育学习的热情，从而主动、快速地接受教师教授的知识，同时学生的学习效果也会获得较大幅度的提升；情境教学法还可以使学生体验到体育学习带来的快乐和成就感，而且情境教学法多与多媒体教学法相结合，丰富多彩的多媒体画面还可以提升学生的审美情趣、陶冶高尚的情操。体育教学中情境教学法可以采用以下策略以提高教学的效果：

第一，充分利用游戏。爱玩是孩子们共同的天性，要让学生学习好前提是要让他们痛痛快快地玩好，再加上体育教学是以身体活动为主要内容的教学，这无疑在客观上为学生的"玩"提供了较好的机会。因此，在体育课堂必须充分注意体育教学的娱乐性，在创设具体的教学情境时可以适当引入多样化的游戏内容，激发出学生的学习兴趣，激励学生在体育学习和练习的过程中克服各种心理障碍，学生在挑战成功之后将会逐渐形成稳定健康的体育价值观，从真正意义上喜欢体育课和体育锻炼。

第二，运用语言创设教学情境。在传统的课堂，也有教学情境的创设，并且也获得了不错的效果，这主要是因为课堂语言具有独特的魅力，体育教师可以通过生动的、丰富的、具有鲜明特色的语言表达方式和风格将教学内容故事化、情节化、夸张化，语言表达中的情境同样可以给学生带来美好的学习体验。

因此，在体育教学的过程中，教师要记得语言也可以创造出有意思的、独具一格的教学情境。同时，体育教师也要注意转变固有的思想观念，不断创造出具有新意的情景教学模式，从而促进体育教学事业能够不断地向前发展。

第三，教学情境创设与音乐相结合。情境教学就是体现体育教学的艺术美的最好的方式之一，同时我们也要注意到将音乐等元素引入情境教学，可以发挥出情景教学的实际作用。

同样的训练内容没有音乐和加上音乐的配合获得的教学效果是完全不一样的。有音乐配合的体育训练，使学生置身于音乐美的环境中，此时的体育训练不再是一种负担而是变成了一种美的享受。此外，音乐的选择也很重要，在身体训练时可以选择激情一点的音乐，促使学生保持较好的精神状态；当训练完毕需要休息的时候则应当选择一些比较舒缓放松的音乐，使学生的身体和心情得到全面的放松和休息。

（7）分层教学法。分层教学法是指在实际的教学中，由于学生的学习基础以及自身的认知能力处于不同的水平，故而设定了不同层次的教学目标和教学任务。分层教学法极具针对性，是一种非常有效和实用的一种新型的教学模式，所以我们要对传统的一视同仁的笼统的教学模式进行改革，适时运用分层教学法，这样才能有效提高体育教学的整体水平，促进学生的迅速、全面、健康地发展。在体育教学中使用分层教学法需要注意以下三个方面：

第一，对教学对象进行分层。在分层教学法中，首要的任务就是将所有的教学对象进行科学、合理地分层，要实现这一点，教师可以通过体能测试等办法来了解学生的综合体质，还可以通过问卷咨询、实际练习和竞赛的方式来测定学生的运动技能水平层次，只有对学生的情况都考查清楚并以此为依据才可以对学生实施分层教学。在分层教学的过程中，也要注意观察学习的进度以及学生对知识和技能的吸收情况，同时还要和学生保持沟通，倾听学生的心声，及时调整教学的方案。当然也可以按照其他要素和标准来分层，比如学生的兴趣爱好等，只要运用得当同样也可以获得不错的教学效果。

第二，对教学目标进行分层。教学目标为体育教学提供了重要的指引作用，制定科学化的教学层次目标可以激发学生的学习动力，还可以有效提高学生的学习效率。如果教学目标设置难度过低，学生就会觉得毫无吸引力，感到枯燥无聊，注意力也无法集中；教学目标如果设置过高，学生就有可能无法跟上教学的节奏，最终也达不到预期的教学目标，严重的话还会打击他们对于体育学习的自信心。因此，体育教师一定要注意教学目标的科学分层，这样各个层次的学生都能够展现出比较理想的学习状态，促进他们在各自所处的层次水平尽自己最大的努力，最终实现共同进步。

第三，对教学内容进行分层。教学内容的合理分层对于教学目标和教学任务的完成具有重要的意义，也是有效提高教学质量的关键性因素。对教学内容的分层，主要体现在教师要根据学生的不同的情况安排不同难度和种类的教学内容。教师需要根据学生的身体情况和自身技能接受能力进行合理的设置，比如身体素质较好的、运动技能水平较高的学生可以适当提高其学习内容的难度，这样可以激发学生对知识的探索欲，以帮助他们达到更高层次的学习境界；基础较为薄弱，身体素质偏差的学生，可以分配一些较为简单的练习内容，主要目的是逐步提高其体能素质水平，同时还要使其保持学习的兴趣和信心。由此可见，通过安排分层式的教学内容，可以促使每一名学生都获得相应的进步，从而可以提高整体的教学的效果。

（8）对分课堂教学法。对分课堂是一种教学课堂的新模式，核心思想是把一堂课的总时长一分为二，一半用于教师的讲解，另一半由学生自由讨论和自主探索学习。后面的一半时间强调的是学生的自主学习和相互交流，突出了讨论的重要性，这样可以发挥出学生的学习潜能和积极性，自主完成对知识和技能的深化理解。对分课堂的应用不仅可以降低教师教学负担，还可以提高教学质量，改善教学效果。实施对分课堂教学法需要注意以下四个要点：

第一，给予学生平等的表现自我的机会。通过随机抽查和预先制定的量化标准基本可以对对分课堂的实际学习效果做一个客观公正的判定。主要环节设置合理，学生的表现遵循流程安排，一般的话可以获得比较理性的效果，但是不能排除会有个别的小组偏离主题，教师要及时指出来，并给予合理化的建议。同时通过学生发言，不仅可以锻炼发言人本人的表达能力，教师还要注意引导全体学生一起分享其中的闪光点，让学生从别人的优秀表现中得到相应的启发，从而赋予了学生的自我展现以深刻的意义。

第二，对课堂时间的合理分配和利用。对分课堂最关键的要点就是要将教师的讲授和学生的交互式学习分开，而且要保证在这两个阶段的中间要安排一定的时间让学生将教师讲授的知识要点和动作技能消化吸收。所以，有人将对分课堂称之为 PAD 课堂，这是因为其具有 PAD 这个界限清晰、相互分离却又相互联系的三个过程，即为讲授（presentation）、内化吸收（assimilation）和讨论（assimilation）。

第三，对学生进行合理分组。在划分讨论小组的时候，教师要注意尽量使各个小组实力均衡，男女生比例要合理搭配。因此，在分组之前体育教师对学生的基本情况要做一个详细的了解，既要保证各组实力相当，也要注意任务分配的均衡性，这样一来体现各组之间的公平竞争，制造出一定的悬念，激发学生学习的动力的潜能；男女生的合理搭配，在完成任务的过程中还可以起到性别特性互补的作用，使体育课程更有激情，也能产生更好的学习效果。

第四，宣布任务之前要做好引导和启发的工作。也就是说教师在布置一个具体的任务之前要对任务的要求进行详细的讲解，并启发学生学习讨论的思路，促使学生对学习任务有比较全面和深刻的理解。体育教师要让学生对整个学习的重点和难点都有所了解，同时也要对本次课程的目标和内容也有所把握，让学生在相互沟通、交换意见之前先想一想如何才能够更好地实现任务目标。

在对分课堂教学中，体育教师要提醒学生在开展讨论的过程中要以主题内容和教学目标为中心，以防止剑走偏锋，脱离主题而造成无谓的损耗。也就是说教师要主动承担"总导演"的角色，为学生提供适当的指引和指导，以提高学生的学习效率。

二、高校体育教学方法的体系构建与选择依据

（一）高校体育教学方法的体系构建

1. 体育教学方法体系构建的理论依据

在体育课程改革的过程中"目标统领教材"是一个重要的指导思想，其要求是依据教学目标来选择体育教学内容。从广义上来讲，教学内容涉及的不仅仅有教师所教授的知识和技能，同时也包括有观念、思想、行为和习惯等与学习能力相关的种种要素。这也就是说学生的学习过程就是将教师所教授的内容内化为自我的知识体系和心理体系的一个过程。这个过程不会自动地发生，需要教师通过一定的教学方法才能够得以实现。按照体育新课标的具体要求，我们可以得知对于体育教学方法的选择要视学校的具体情况和学生的身心发展特点而定。

新课标依据学习内容性质的不同，将其分成5个主要的体育学习领域，但是能通过与该领域的目标的相互渗透和影响，形成一个"目标——内容"关系，即目标决定内容选择，内容选择促成目标的相互关系。此外，新课标还将体育教学内容的学习水平分成了6个等级，并且对每一级的水平目标都有明确的定义，从而体现出了体育教学的特殊性。

因此，新课程标准的5个领域和6个等级的确立，可以对学校体育教学方法的选择提供一定的理论指导，促进了"目标、内容、方法"教学范畴体系的初步形成，在这样的一个体系的指导下，不同的地区、不同学校在选择体育教学内容和方法的时候就有了具体的参考和选择的空间。

2. 基于新课标的高校体育教学方法体系构建

新课改最大的特色就是学生的学习方式发生了巨大的变化，体现学生主体性的、主动式的、具有探索性的、研究性的学习方式的提倡和建立。

要彻底实现这一转变，教师的努力起着举足轻重的作用。其主要体现在三个方面：①了解学生在兴趣爱好、个性特征、学习能力等方面的具体情况；②充分考虑学生的年龄特征及其身体生长发育的规律；③为课堂师生的互动提供广阔的空间。

因此，在实践中必须建立起一个全新的、完善的教学方法体系以适应新课标的要求，新时期的体育教学要遵循体育教学本身的客观规律，结合具体的教学内容，按照标准划分的 5 个领域和 6 个级别来构建出新的体育教学方法体系。6 个水平目标级别是在 5 个内容领域划分的基础之上确立的，它们共同决定了体育教学方法的选择。也就是说在体育教学实践中，每堂课都是根据目标来确定内容的，其所包含的 5 个内容领域都有着其各自不同水平的目标，体育教师依据其各个领域的水平目标值来选择最具有科学性和合理性的体育教学方法。

（二）高校体育教学方法的选择依据

1. 依据教学目标进行选择

根据教学目标、教学任务的不同，教学方法在选择上也会存在一定差异性。目前，各个学校体育教师为体育教学选择教学方法的主要依据是体育教学目标。具体来说，体育教师在基于体育教学目标来选择体育教学方法时，需要注意以下四点：

（1）体育教师一定要基于体育教学的总目标来选择体育教学方法，以此来确保不管是每次课的教学目标还是总体教学目标在最后都能实现。

（2）体育教师在选择教学方法时，一定要基于本次课程的教学目标，来选择合适的教学媒体以及方法。

（3）体育教师在选择教学方法时，一定要注意将教学目标进行细化，据此来对教学方法加以确认，最终确保每一个小目标在最终都能实现。例如，出于组织学生对课堂所掌握的体育技能进一步加以巩固，体育教师可对应地采用练习法、比赛法等。又如，出于引导学生学会新技能的目标，体育教师应该多运用讲解、示范、分解、模仿等教学方法。

（4）在当代社会，体育教学总目标为"促进学生体魄强健、身心健康"。学校体育教学在选择方法时也应基于此进行，决不能只为一时的收益，而放弃长远利益。

2. 依据学生特点进行选择

体育教学所面临的群体主要是学生。具体来说，体育教师在选择体育教学方法首先需要考虑的是，这一教学方法是否有益于促进学生体育学习，所以一定要基于学生群体的实际需求以及特点来选择具体的教学方法。这要求体育教师既要关注学生的群体特点，又要关注学生的个体特点。

3. 依据教师条件进行选择

在体育教学活动，体育教师不光是组织者、指导者，还是安排者、选择者、实施者。因此，体育教师在选择教学方法时也应考虑到自身的相关条件进行考虑，具体要求如下：

（1）体育教师在选择体育教学方法时，应该注意考虑该方法是否能适合自身。换句话说，体育教师应该考虑运用这一方法是否可以将自身的素质水平、知识结构、教学能力与经验发挥出来，保证教学得以顺利进行。

（2）体育教师在选择体育教学方法时，应着重研究这一教学方法是否和教师的教学风格、性格特征契合。

（3）体育教师在选择体育教学方法时，应该与本次课教学目的以及课堂控制进行结合。

总而言之，体育教师在为学校体育教学选择教学方法时，一定要注意基于自己的特点来选择教学方法，以便扬长避短，使教学方法更具针对性。

4. 依据教育理念进行选择

在选择教学方法的过程中，教学理念具有重要指导作用。具体来说，体育教师在为学校体育教学选择方法时，应在最新体育教学理念的指导下进行，需要遵循以下三个方面：

（1）体育教师在选择体育教学方法时，应该坚持以学生为主，根据学生实际需求来选取教学方法，进而确保学生的积极主动性被充分激发出来。

（2）现代体育教学深受素质教育的影响，强调以实现学生身心健康全面发展作为目标。对此，体育教师在为学校体育挑选教学方法时应坚持"以人为本"，始终都坚持将健康这一理念放在学生体育参与和学习过程中，这除了有益于保障学生可以积极主动地参与到体育学习之中，还有利于学生的"终身体育"意识的形成。

（3）体育教师在选择体育教学方法时，应该注意强调对于学生体育意识的培养、体育能力的提升，进而为其在走出校门、走向社会后继续参与体育运动奠定扎实的知识与技能基础，保证其在未来发展中可以主动参与体育运动。

5. 依据教学内容进行选择

学校体育所涵盖的教学内容十分丰富多样，为了能够保障学生很好地掌握了这些教学内容，体育教师需要据此来选择特定的教学方法，这样才能确保整个教学得以顺利进行，学生得以深入地掌握教学内容。在学校体育教育教学系统中主要有两个构成系统——教学内容、教学方法，二者之间存在十分紧密的联系。因此，在选择教学方法时一定要重视对于教学内容的考虑，重视教学方法的实用性和基于教学内容的表现方式。

6. 依据教学环境与条件进行选择

体育教师在选择体育教学方法时一定要综合对整个教学活动牵涉到的教学因素进行考虑。其中，尤其要重视对于客观教学环境与条件的考虑。

具体来说，教学环境不仅包含场地、器材还包含班级人数、课时数等。与此同时，外界社会文化环境的好与坏也会对教学环境产生十分重要的影响。体育教学条件包含体育教学的硬件条件、软件条件等。

体育教学环境以及条件在开展学校体育教学活动的实际过程中，人的主观意志的影响会对教学方法的选择产生十分显著的影响。体育教师在选择教学方法时，除了需要关注这些客观教学环境因素之外，还需要对某一种教学方法所需要必要的客观环境和条件加以充分考虑。

三、高校体育教学方法的优化途径与创新方式

（一）高校体育教学方法的优化途径

1. 转变高校体育教学理念

当今社会信息技术发展迅猛，教学与网络技术的融合已经成为一个不可逆转的趋势。在教学过程中，运用网络技术，可以促进良好结果的获得。为了能够将网络技术的作用发挥出来，体育教师还需要及时对教学理念进行调整。对此，学校体育教师以及相关工作人员一定要以一个开放的态度面对当下流行的新理念以及新事物，以此来为现代体育教学手段的实际应用提供便利。体育教师要严格要求自己，提升自己的专业素质，努力在实际教学中不断发现自我、完善自我，这点既是现代学校体育教师素养在新形势下必须具备一个素质，也是保证信息技术在体育教学中发挥出最大作用的关键所在。

2. 加强教学手段创新意识

在创新学校体育教学手段这一实际过程中，体育教师要想收获到良好的成果，应该在态度上给予重视，树立科学、正确的创新意识。体育教学手段能够有所突破，实现创新，将会对现代学校体育教学能否实现创新，突破传统落后理念的制约，建立起与时代相适应的现代化体育教学模式起决定性作用。要想实现体育教学手段的创新，关键在于引导一线体育教师以及体育教学的相关管理部门对于创新可以形成正确的思维和意识。以体育教师为例，倘若体育教师具有创新意识，那么他们不管在教学中还是在与学生日常接触中，都

会时时刻刻谨记培养学生对体育运动形成兴趣，并注意对于学生创造能力加以提升。不过，直到现在还有很多体育教师尚未意识到创新体育教学手段的重要性，这些教师在实际教学过程中安于现状、不思进取，使得体育教学手段并没有很大的发展。体育教学手段要想实现现代化，离不开体育教师想要激发学生的创造欲望、满足学生的心理需要，以及随时根据现实对于体育进行调整的高度工作责任感。

3. 优化体育教学硬件设施

学校体育教师在开展体育教学时，如果需要利用多媒体技术，但没有专门供体育教学的实验室以及多媒体教学场馆，通常情况下会借助其他学科的多媒体教室或教学场馆，这也从侧面导致体育教学对于多媒体技术的应用受到严重制约。鉴于此，各个学校应该对于体育学科的多媒体场馆以及实验室增加资金投入以及设施建设力度，保证体育教学配备足够的体育教学场地、设施、器材装备，可以适当满足当下体育开展教学的实际需要，这同时也是创新以及发展体育教学手段，使其实现现代化的基础。

学校体育教学除了要对于硬件设施的数量以及质量加以保证之外，还应强调科学、有效地对于现代化教学设备加以应用，进而确保其可以更好为体育教学实践服务。在过去教学中，各个学校的体育教师主要借助于示范与讲解这种形式来给学生传授理念、教授知识。尽管体育教师亲身示范以及讲解是正确、规范的，但是学生却有很大可能会因为教师示范时间过短而不能深入分析以及理解该动作的整个过程。但如果可以通过多媒体技术先行观看以及分析，利用慢放功能，将比较复杂的动作进行慢放或者分解，这样就可以保证学生可以深入理解该动作的原理以及动作之间的上下承接关系，或者通过多媒体技术记录学生练习技术动作的过程，以供教师对于学生掌握情况进行分析，并对于那些不足或者错误之处及时加以调整。多媒体技术可以涵盖形、声、色，这能够对于学生的感官直接诉诸影像，这比传统教学方法更能对大脑皮层的神经系统产生刺激以及激发影响，可极大程度地激发其学生的学习积极性。

体育教师在向学生教授体育技术时可以科学合理地利用体育教学实验室，使体育教学手段得到优化，转而成为一种结合了体育多媒体、教学实验室和室外技术实践的学科教学模式，将会对课堂教学效果和质量的提升产生十分重要的作用，有助于学生对于复杂高难度的技术动作的快速理解以及掌握。因此，学校体育教师在开展体育教学时，可事先组织学生对于课堂内容所涉及的技术动作进行观看，让学生对于该技术动作有所理解。

除此之外，体育教师还可借助实验室的器材设备，让学生通过真实体会这一形式对技术动作的特点进行更深入的掌握。体育教师要组织学生在实际结合运用音乐媒体的练习过程中，加深对学生练习时间以及节奏的把控，让学生可以正确掌握该技术动作，并对其所具有的时空感、节奏感有更深的理解，从而保障学习效果可以得到有效提升。

4. 充分利用体育教学软件

在学校体育教学基础设施持续得到完善、优化，以及教育技术现代化得到快速发展这一背景下，当前各个学校一定要注意加大对于体育教学辅助软件的建设力度。各个学校在后续体育教学中应有意识地加大体育教学软件的开发力度，使其得到迅速发展，可以更好地匹配现有的硬件设施条件，从而将现代化教学手段的价值以及意义充分发挥出来。具体来说，体育教师在开展体育教学的实际过程中，要基于汇集计算机、投影仪、录像播放三者于一体的多媒体技术，将那些难度相对较高的动作技术制成电脑动画，以便学生可以反复多次地、慢速地、多方位地、动静结合地来观看整个技术动作的演示。如果可以再配以一定文字对该类动作的关键部位进行解释说明，学生势必会对所学动作的技术要领以及动作结构有更加深刻、清晰的理解以及认识，这可确保学生对正确动作快速形成概念，可极大程度地提升教学效率。

那些功能强大、全面、实操性较强的教学软件可极大程度地激发起学生学习体育动作、体育理论的兴趣。这进一步说明教学软件的开发利用在学校体育教学中有非常重要的价值。例如，在开展篮球体能训练的实际过程中，倘若只依赖个人进行体能训练，或者利用多媒体幻灯片这一技术来向学生讲解大量的理论文字，这对学生而言无疑是枯燥的也是乏味的。反之，倘若体育教师在制作体能电子教案时采用动画或者视频等动态形式来对体能训练进行讲解，这种形式更加具有观赏性，可供学生反复进行观看，最后再辅之文字理论或讲解，这可以直接对学生的感官神经产生一定刺激，使学生在学习体育理论以及技术时带有强烈的好奇心与兴趣。具体来说，大力开发体育教学软件，除了有益于进一步优化体育教学内容、教学模式之外，还能进一步拓展以及丰富学生对所学内容的领悟路径。

此外，出于进一步丰富以及拓展资源的目的，各个学校还应该搭建起相关的网上教学资源库，以便学生可以借助校园网在教学资源库中获取自己所需以及自己感兴趣的知识进行在线主动学习，这有利于为学生营造出一个更好适应高度互动、个性化的智能教学环境。在校园网、体育教学信息库得以建立并实现进一步改善，以及高科技产品与体育教学之间的结合更加紧密的背景下，不管是研制现代化体育教学软件还是创新与开发现代化体育教学软件，和过去相比都更为容易了。由此可见，加快、加大开发体育教学软件的力度，对创新以及发展体育教学手段的现代化都具有极其重要的意义。

（二）高校体育教学方法的创新方式

1. 不同阶段的教学方法创新

（1）准备活动的方法创新。准备环节是学校体育教学的重要环节之一。好的准备活动可确保学生不管是身体机能还是心理机能都可以快速进入准备状态，极大程度地降低了运动损伤的发生概率，使整个运动过程得以顺利进行。因此，体育教师在创新体育教学方法的具体过程中，应该以准备活动作为着手点，使准备方法更具创新性，让学生得以放松身体身心，为后续教学的顺利进行提供保障。

具体来说，准备活动通常可分成专项准备和一般性准备两种形式。体育在一般性准备活动中，可通过游戏的形式激发起学生的参与热情，保证学生大脑的兴奋性得以提升。而在专项准备活动中，体育教师也可基于教学内容适当引入一些与之相关的内容。

（2）课堂教学的方法创新。体育教师将创新理念融入进行学校体育的实际教学中，一方面，可使课堂氛围更加生动活泼，使原本十分枯燥且单一的训练充满乐趣；另一方面，又可将学生的学习热情尽可能地激发出来，使学生不仅可以深入理解相关理论，还能尽快掌握相关的运动技能，进而最终促使整个教学可以取得十分理想的成效。

（3）游戏形式的方法创新。游戏法是学校体育教师创新体育教学方法的重要形式之一。这种方法相对其他类型的教学方法，更具娱乐性，可保证学生的热情得到提升，是当下较为理想的教学方法之一。因此，体育教师也应在创新教育理念的指引下对于游戏方式适当进行革新，以此来引导学生在游戏中逐渐健全自身的人格、提升自己的智力、发现自己的潜能，进而将体育这一学科所具有价值极大程度地发挥出来。

例如，大学生不管是判断力、观察力还是想象力、反应能力都是极强的，游戏可以很好将学生的智力展现出来。因此，体育教师具体在开展学校体育教学时一定要注意为学生留有一定的空间，以便学生可以根据教学实际设计出一些更具趣味性、创新性的游戏，进而引导学生间的竞争性得以增强，推动学生可以更好地实现全面发展。

（4）结尾阶段的方法创新。对于结尾阶段方法的创新同样不应忽视。体育教师如果在实际开展学校体育教学的过程中可以很好地对于结尾阶段的方法进行创新，为整个教学留下一个美好的结尾，会让学生产生一种乐不思蜀的感觉，这无疑不管是对于学生运动习惯的养成还是运动意识的形成都具有十分重要的作用。在体育教学中，结尾阶段在整体教学过程中所起到的作用不容忽视，除了可使学生原本处于不平静状态的身心机能得以迅速恢复，还能为学生后续的深入学习做好准备。对此，体育教师在进行创新时，一定要以学生此时所具有特点以及需求作为指导，大胆对方法进行创新，以此来保证教学在结尾处可以得到升华。

具体来说，体育教师可以安排一些旋律、节奏都较为舒缓的音乐，再配合一些相对较为舒缓的动作，引导学生的机能状态可以逐渐趋于平静。除此之外，体育教师还可以尽可能对于结尾时的教学形式进行丰富，可引入瑜伽、太极以及健美操等运动项目的动作，保证学生的学习兴趣得以激发，确保创新可以实现。

2. 体育教学方法的组合创新

组合创新教学方法，顺应了现代体育教学方法优化组合的发展趋势。组合创新主要是指体育教师基于合作学习法来进一步对于教学方法进行完善以及创新。教学方法的组合这一措施实质上是一种对于原有教学方法的创新以及完善。伴随着社会的迅猛发展，体育教学也随之产生了极大的改变，体育教学方法要想能为保障教学活动的顺利进行就要基于实际情况对其不断进行创新，以此来确保新的体育教学方法不断涌现，体育教学最终收获到良好的效果。

第二章　高校体育教学模式与创新

第一节　高校体育教学模式及其选择依据

一、高校体育教学模式的主要特点

高校体育教学模式，简单来说就是以某种体育教学思想和理论为指导而建立起来，重在完成基本体育教学目标的体育教学程序。体育教学模式在发展的过程中，逐渐形成了自身鲜明的特点。

（一）理论性

体育教学模式的理论性特点，主要表现在以下两个方面：

第一，每一种体育教学模式的背后，都隐藏着一定的体育教学思想或理论。只有准确地把握住体育教学模式背后的体育教学思想或理论，才能准确地理解、合理地运用体育教学模式。

第二，体育教学思想或理论要想转化到具体的体育教学之中，必须借助于一定的载体，而体育教学模式便是载体之一。这就决定了在构建体育教学模式时，必须以一定的体育教学思想或理论为指导。若是做不到这一点，则可以肯定所构建的体育教学模式是不够科学的，无法帮助体育教师更好地开展体育教学活动，也无法保证体育教学的质量和效率。

（二）多元性

体育教学思想或理论并不是一成不变的，而是会随着时代的发展、教学条件的改变等发生一定的改变。也就是说，体育教学思想或理论会不断地丰富与发展，即产生多元化的体育教学思想或理论。这使得以体育教学思想或理论为指导而构建的体育教学模式也会呈现出多元化的特点，如有的体育教学模式是着眼于体育教学内容而构建的，有的体育教学模式是着眼于教学程序而构建的。

（三）稳定性

具有一定价值的体育教学模式在经过体育教学长期、反复的实践后，会逐渐定型。一旦定型，结构方面也会逐渐趋于稳定。也就是说，无论在何种情况、针对哪种对象使用同一种体育教学模式，在主要环节和基本程序等方面都必须保持一致。只有这样，体育教学模式才能在运用于体育教学实践时有章可循，否则是不具备可操作性的。因此，稳定性也是体育教学模式的一个重要特点。需要注意的是，体育教学模式的稳定性并非绝对的，即体育教学模式自产生后并非一成不变，而是会随着教学思想的更新、教学条件以及学生情况的变化等外在条件的改变而发生一定的改变，但这种改变都是较为细微的。如果一种体育教学模式在不同的时间、针对不同的教学环境和教学对象进行运用时，在主要环节和基本程序等方面产生较大出入，那就表明这种体育教学模式还不够成熟与完善，甚至可以说这种体育教学模式还不成立。

（四）独特性

体育教学模式的独特性特点决定了体育教师在对其进行运用时，应特别注意以下三个方面：

第一，在对体育教学模式进行选择与运用时，必须充分考虑到特定的教学目标、教学内容、教学环境、教学对象和自身条件等。

第二，每一种体育教学模式都有其明确的效果评价标准，即在对每一种体育教学模式进行评价时，评价标准是有所不同的。

第三，没有一种体育教学模式是万能的，而且每一种体育教学模式都有自己的特点，所反映的体育教学思想或理论也是特定的，因而其适用条件、适用范围、适用对象等也是特定的。

（五）可操作性

体育教学理论是十分抽象的，要使其进入体育教学实践之中，必须借助于一个转换中介。体育教学模式就是这样一个中介，它既是抽象的体育教学理论的具体化，也可使体育教学的过程清晰化、可行化。也就是说，体育教学模式是具有一定的可操作性的，而且具有越强的可操作性，该理论在体育教学实践中的运用效果就越好。

（六）发展性

随着时代的发展和社会的进步，体育教学思想和理论会不断发展与完善，体育教学实践也会面临许多新的情况。这就决定了体育教学模式不能是一成不变的，而是要处于动态的发展过程之中。因此，发展性也是体育教学模式的一个重要特点。通常认为，体育教学模式的发展性特点主要是通过两个方面表现出来的：一方面，体育教学模式在发展的过程中，要不断地接受新的体育教学思想或理论并将其吸收，以便不断地对自身进行修补与完善；另一方面，伴随着体育教学改革的不断深入，体育教学模式也要进行相应的更新与完善。

二、高校体育教学模式的基本构成

高校体育教学模式在发展的过程中，逐渐行了较为固定的构成要素。具体来看，体育教学模式的构成要素主要有以下五点：

（一）指导思想

指导思想是体育教学模式得以建立的价值基础依据。同时，在构成体育教学模式的各个要素中，处于深层位置的便是指导思想。借助于指导思想，既可以对不同的体育教学模式进行分析，也可以把握与体育、体育教学相关的指导思想的发展趋势。如此一来，体育教师便能更为深刻地理解和把握体育教学模式，从而更好地运用这一体育教学模式开展体育教学活动，确保体育教学活动取得理想的效果。因此，任何一种体育教学模式，都必须包括指导思想这一要素。

（二）教学目标

对于体育教学模式来说，其要想有使用价值，必须有助于一定的体育教学目标的实现，从而确保体育教学取得理想的效果。这就决定了，在构建任何一种体育教学模式时，都必须明确其需要实现或可能实现的体育教学目标。因此，体育教学目标也是体育教学模式的构成要素之一，而且该要素在所有的构成要素中居于核心地位，会对其他的构成要素产生一定的制约作用。

（三）实现条件

在体育教学模式的构成要素中，实现条件也是不可忽略的。这里所说的实现条件，实际上就是有助于体育教学模式充分发挥作用的各种条件以及不同条件之间的有效组合。只有明确了体育教学模式实施所需要的条件，以及是否能够满足这些条件，才能决定是否在体育教学中运用这种体育教学模式。否则，体育教学模式是无法充分发挥自己的作用，体育教学也无法取得理想效果的。

（四）操作程序

在体育教学模式的构成要素中，操作程序也是十分重要的。这里所说的操作程序，指的是教学在时间上展开的逻辑步骤以及每个步骤的主要做法等。每一种体育教学模式在其操作程序方面都有一定的独特性，这也是不同的体育教学模式之间进行区分的一个重要依据。此外，体育教学模式的操作程序具有一定的稳定性。但是，体育教学模式操作程序的稳定是相对而言的，其在具体的运用过程中，需要依据实际的教学情景、教学对象、教学条件等进行细微的调整。

（五）效果评价

一种体育教学模式是否有效及其在体育教学实践中的实施效果，需要通过一定的方式进行衡量。就当前来说，对体育教学模式的有效性及其实施效果进行衡量的一个重要方式便是体育教学模式的实施效果评价。通过这种方式，既可以明确体育教学模式是否实现了体育教学目标以及实现的程度，也可以进一步把握体育教学模式存在的不足以及需要改进的地方、改进的方法等。通常来说，体育教学模式不同，对其进行评价的方法和标准也会有一定的差异。也就是说，评价方法和标准必须有针对性，以确保得出的评价结果的准确性和合理性。

三、高校体育教学模式的选择依据

体育教学模式是多种多样的，每一种体育教学模式在适用范围、适用条件、适用对象等方面是有一定差异的，而且所获得体育教学效果也会有一定的不同。因此，在开展体育教学时，必须选择最为恰当的体育教学模式，并对其进行有效的运用。具体来说，在选择与运用体育教学模式时，应切实依据以下四个方面：

第一，体育教学思想。体育教学模式在构建的过程中，一个重要的依据便是体育教学思想。以不同的体育教学思想为依据而构建的体育教学模式有一定区别，这就决定了在选择与运用体育教学模式时，首先要明确体育教学中所遵循的教学思想，然后以此为依据来确定最为恰当的体育教学模式，以便体育教学能够取得最为理想的效果。

第二，体育教学对象。在开展体育教学活动时，要想取得理想的教学效果，一个重要的前提是准确地把握体育教学活动的对象及其所具有的特点。通常来说，体育教师以及学生都属于体育教学活动的对象，但两者所处的地位和所具有的作用是不同的。具体来看，在体育教学活动中，体育教师主要发挥主导作用，而学生处于主体地位。只有准确把握了体育教学活动对象的地位与作用，掌握了体育教学活动对象的特点，然后以此为依据选择与运用体育教学模式，才能确保体育教学模式的合理性和有效性。

第三，体育教学内容。通常来说，体育教学内容中会规定每一种体育运动项目的学时，以便各个体育运动项目的教学都能在规定的时间内完成。此外，体育教学内容也在一定程度上影响着体育运动项目的环节安排、重点主次安排、教学顺序安排等，以确保顺利地完成体育教学任务、实现体育教学目标。基于此，在选择体育教学模式时，必须充分考虑到体育教学内容的特点，以便能够获得更为理想的体育教学效果。

第四，体育教学条件。对于高校来说，在选择与运用体育教学模式时，必须充分考虑到自己所具有的体育教学条件。从总体上来说，高校的体育教学条件主要是由两部分构成的：一部分是高校所具有的体育硬件条件，包括高校所具有的体育场地、体育设施、体育器材等；另一部分是高校所具有的体育软件条件，包括高校以及高校所在地区所具有的特色体育项目、高校所形成的特色化体育教学手段等。此外，高校只有选择、运用与自身所具有的体育教学条件相符合的体育教学模式，才能促使体育教学模式发挥出最大的价值，确保体育教学能够取得理想的效果。

第二节　高校体育混合式教学模式

一、混合式教学的本质与特征

（一）混合式教学的本质

1. 混合式教学重在激发学习兴趣

兴趣是最好的教师，也是学生学习最大的动力。混合式教学非常注重对学生学习兴趣的激发，不论是教学PPT的制作，还是教学活动的安排，或者课后作业的布置，混合式教学都强调融入趣味性元素，将学生的学习兴趣挖掘与调动出来，这样学生才能主动学习。

2. 混合式教学是线上与线下教学的融合

单纯强调在线教学、网络教学的教学方式不能被称为混合式教学，因为混合式教学是在线教学的延伸与传统课堂教学的扩展，更是二者的有机结合体。在线教学与传统课堂教学都存在不可忽视的缺点，即前者容易导致师生互动交流的缺失，学生在遇到问题时无法及时向教师反馈并寻求帮助，教师也无法立刻知晓自己的教学效果；后者则以教师讲授为主，弱化了学生学习的主体地位，阻碍了学生自主学习、合作学习、探究学习的步伐。另外，在线学习十分考验学生的自控能力与信息处理能力，如果学生沉迷于在线环境，在应当学习的时间玩游戏或者进行其他活动，则会使学习效果大打折扣；倘若学生不具备相应的信息处理能力，也无法完全按照教师的步骤开展学习。至于传统课堂教学，其教学资源过于单一，学生的学习需求得不到满足，掌握的知识也不够全面。可以看出，在线教学与传统课堂教学均存在不足，哪一种教学方式单独使用都无法实现最佳的教学效果，只有将二者结合起来，相互弥补缺点、发挥优点，才是最好的。

混合式教学之所以在教学实践中取得成功，就是因为其将在线教学与传统课堂教学相结合，充分发挥这两种教学方式的优势，这为教师提供了新的教学途径。总而言之，混合式教学模式对学习者更为关注，其在肯定教师作用的同时，鼓励学生自主探究学习，让学生主动完成意义的建构，形成更为健全的知识体系。

3. 混合式教学是相互关联的动态系统

教学过程中的各要素本身就息息相关，在混合式教学中更是如此，甚至各要素的关系更为密切，它们相互关联、互为影响，共同构成了教学的耦合系统。教师与学生作为教学活动的双方，二者都存在自我组织教与学的意识，只不过在能力上表现得有强有弱。有序化的教学过程离不开师生双方的共同努力，师生有着共同的目标，也站在各自的立场接受着相同的信息，由此，学习过程中产生的问题与障碍便具有了一致性，有序化便得以实现。

(二) 混合式教学的特征

1. 个性化学习

教学内容虽然具有一定的固定性，但是学生在掌握这些内容时的侧重点却存在差异，这是因为每个学生的学习需求是不同的，他们会采取不同的学习方式、学习方法朝着不同的方向前进。混合式教学以学生为中心，根据学生的需求为他们制订个性化的学习方案。在差异化的教学辅导下，学生收获的学习成果要比传统课堂教学丰硕得多。当学生某个阶段的学习目标达成之后，也将更有动力开展下一阶段的学习。

为学生制订个性化的学习方案并不意味着教师要事无巨细地照顾每个学生，教师只需要根据学生在网络教学平台上提交的个人学习的薄弱环节，就可以为他们制订出有效的学习方案。学生已经掌握得很好的知识点一带即过便可，学生感到疑问与困惑的知识点进行深度讲解。如此一来，学生虽然没有得到教师一对一的辅导，但是却收获了相同的学习体验，获得了相同甚至更佳的学习效果。

2. 监督化学习

混合式教学主张对学生的学习进行监督，目的是更好地掌握学生的学习情况，从而为其提供针对性的教学辅助。所谓新型的监督化学习，主要是依托学生在线学习反馈的数据，对这些数据加以分析，学生的学习情况就完整地呈现在教师面前。

另外，教师也可以通过多种方式主动了解学生的学习情况，如批改学生的作业、查看学生的学习反馈、统计学生在线平台的相关讨论等。之所以要及时关注学生的学习进展，是因为假如学生尚未掌握现阶段的知识就进入下一阶段知识的学习中，必然会导致两个阶段学习效果均不佳的后果，所以，教师必须确保学生已经掌握了现阶段的知识，才能依照计划开展接下来的教学。

3. "全方位" 混合式学习

（1）教学理论混合。由于教学活动的复杂性，教育界并不存在所谓的通用教学理论，也就是说，一种在任何情况下都能促进教学实践发展的理论是不存在的。因此，教师应当根据教学的实际情况采用多种不同的教学理论。目前，公认的对教学效果具有积极作用的教学理论包括行为主义教学理论、认知主义教学理论、建构主义教学理论等。在知识的传播与转换方面，行为主义与认知主义教学理论的优势最为明显，其能够极大地促进学生对知识的学习、内化与吸收；在均衡教师的教与学生的学方面，建构主义教学理论则表现得更好，其能够指导教师建构起有利于学习发生的教学环境，从而推动整体教学目标的实现。不同的教学理论具有不同的特点，它们所表现出的对教学的促进作用也各不相同，这就要求教师在分析教学内容、教学目标、学生学习情况等的基础上，灵活应用各种教学理论，这也是混合式教学所倡导的教学理论的混合，唯有如此，才能最大化地发挥各教学理论的作用。

（2）教学方式混合。对于混合式教学而言，线上与线下即在线网络教学与传统课堂教学的结合是最表层的含义，这意味着，只要是混合式教学，就都符合线上与线下混合这一特点。在以往的教学实践中，以互联网、多媒体等为媒介的线上教学与传统的课堂教学存在一道鸿沟，大多数教师仅以课堂讲授作为教学的重心；混合式教学则打破了线上与线下教学的界限，使两种看似迥然不同的教学方式融为一体。事实上，不论线上教学还是线下教学，其目标都是高效完成教学活动，让教学成为有效、有意义的事。混合式教学在教学实践中的应用绝不能流于形式，要真正地把教学各要素有机联系起来，如师生、家长、教学资源等，引导学生同时开展线上学习与线下学习，充分发挥互联网、多媒体等对传统课堂教学的促进作用，让学生在良好的氛围中习得知识、掌握技能。

(3) 教学资源混合。

首先，教学资源内容的混合。随着社会的发展，单一的技能型人才已经无法满足用人单位的需求，因而，综合性人才培养成为高校的重要任务。学生在学习的过程中，不能仅仅接受某一门学科知识，而是要广泛吸收多学科的内容，在混合式教学资源内容的推动下，形成系统、发散、有条理的知识体系，从而形成更强的社会竞争力。

其次，教学资源是学生知识与技能学习的主要来源，在传统的课堂教学中，教学资源通常借助书本这一载体以文字的形式呈现出来，固然，这种方式有利于学生系统地把握知识，但也存在明显的缺点。基于混合式教学，越来越多的依托互联网与多媒体的资源呈现方式衍生出来，学生完全可以在学习课本的基础上，借助新型的资源呈现方式加深对知识的理解。知识本身就是无处不在的，课本中、黑板上、网络里都能学习到知识，只有将传统的与新型的教学资源呈现方式混合起来，同时发挥二者的作用，才有利于学生对多种教学资源的综合利用。

最后，教学资源整体的优化与整合。在线学习资源与传统的课本中的学习资源融合，学生获得了庞大的学习资源库，其多种多样的学习需求基本都能得到满足。但与此同时，庞大的学习资源库中也产生了许多低质的内容，如同一知识点的重复讲解、同类知识点的分散讲解等，这样的资源并不利于学生的高效学习，也造成了不小的资源浪费。所以，教学资源必须在混合的基础上实现优化与整合。

二、基于微信的高校体育混合式教学

(一) 基于微信的高校体育混合式教学特点

1. 线下教学为主，线上教学为辅

在当前的高校体育教学中，学生在课上聆听教师对体育知识与技能的讲解，在课下巩

固时，大多只能依靠脑海中的记忆或者身体感受进行，能够用来参考的复习资料少之又少，这极大地限制了学生对体育知识的深入理解，也约束了学生对体育技能的全方位把握。在基于微信的体育混合式教学中，学生可以借助在线教学平台查阅自己所需的学习材料，对已经掌握的知识大致浏览，对难度较大的知识进行多次阅读并加以演练。这不但提升了学生课下巩固的效果，还使其个性化学习的需求得到满足。但是，体育毕竟是一门以实践课程为主的学科，学生切切实实地开展身体运动才是根本，因此在体育教学过程中，线上教学只能作为线下教学的辅助手段存在，而绝不能将其替代。之所以采用基于微信的体育混合式教学模式，是因为微信在大学生群体中的普及程度非常高，几乎每个大学生每天都多次使用微信，借助这个大学生十分喜爱的通信软件开展体育教学，教学的效果无疑能够得到提高。

2. 线上线下教学内容应高度相关

线上与线下作为两种不同的教学手段，其目的是一致的，即促进体育教学的有效开展。在应用两种教学手段的过程中，线下教学始终处于主导地位，因此，无论线上教学的资源内容如何丰富、资源呈现形式如何精彩，在教学内容上，都应当与线下教学保持高度相关。体育教师可以在线上教学平台发布课前预习内容，也可以将课堂讲授中没有阐释清楚的知识点制作成教学视频上传至线上教学平台，帮助学生课后巩固与复习。

3. 线上线下教学优势互补

线上教学与线下教学各有利弊，基于微信的体育混合式教学要做的就是将二者的优势充分发挥出来，尽可能规避缺点。在现代教育技术飞速发展的今天，传统的课堂教学即线下教学多受到抨击，但实际上，线下教学不仅具有超高的即时互动性、沟通性，而且学生的不良学习行为也能够得到约束，这种环境下教师对学生的辅导更加及时，对自身教学行为的调整也更恰当。相应地，线下教学的缺点也非常突出——受到严格的时空限制，学生的学习只能在课堂中完成，接收到的学习信息也非常有限。线上教学则突破了学习的时空局限性，学生在图书馆、自习室、宿舍乃至家中都可以进行体育学习，并且能够接收到大量的学习信息，但由于学习环境的改变，学生的学习过程无法得到有效监督，集体学习的氛围也无法感受到，这也会在一定程度上影响学习成效。所以，基于微信的体育混合式教学要把线上线下教学的优势结合起来，从而切实提高体育教学的质量。

（二）基于微信的高校体育混合式教学要点

1. 线上教学平台设计应简单易用

借助微信开展体育教学要注意教学平台设计的简单化与易用性。微信作为即时通信工具，本身就具有普及率高、易于操作等特点，体育教师只需将微信原有的功能稍加研究，就能开发出线上教学平台。例如，体育教师可以申请一个微信公众号，将教学材料放置于此让学生浏览与阅读；还可以建立微信班级群，在群内发布与体育教学有关的通知或者与学生就体育学习的问题展开讨论等。

2. 线上教学内容应仔细甄选

线上教学内容作为线下教学的补充，体育教师应当仔细甄选。在线下体育教学中，大多数学生都存在教学内容过于单一且十分枯燥的感觉，尤其是体育理论课的教学，为此，体育教师可以将一些体育竞赛、全民健身政策或者正能量的体育故事融入线上教学中，让学生在兴趣的推动下进行课前预习，并以极高的积极性投入课中学习与课后复习之中。

3. 线上教学应有组织性、纪律性

大学生对手机的依赖程度不断提高，在基于微信的体育混合式教学中，为了防止学生沉迷于网络，教师要引导学生形成自律的意识，并在此基础上，确立明确的课堂纪律，让学生在有组织、有纪律的环境中开展线上学习。

4. 线上教学交互通道畅通无阻

在传统体育教学中，师生之间的交互通道较为单一，在线上教学的辅助下，师生之间的交互打破了时空限制，一名教师面对多名学生、一名教师面对一名学生、多名教师面对多名学生的情况均成为可能，这样的教学环境拉近了师生间的距离，改善了师生间的关系。在实际教学中，体育教师要努力维护各种交互通道，如学生线上留言、学生参与线上教学平台建设等，从而优化线上教学的效果。在实施这一教学模式时，体育教师首先应当明确线上教学与线下教学的主次关系，在这个前提之下，选择与线下教学内容相关度高的线上教学内容，充分发挥二者的优势，促使学生在有组织、有纪律的环境下，学习体育知识与技能。

三、基于 QQ 群的高校体育混合式教学研究

除了微信以外，QQ 也是大学生应用频率非常高的一款交流软件。所谓 QQ 群，即由

多人构成的 QQ 交流群体，这些人或有共同的兴趣爱好，或有相似的需求。文字形式的沟通与交流仅仅是 QQ 群最基础的功能，共享文件、图片、视频等是其更为丰富的交流手段。

教育者在深入研究教学理论、深刻认知教学思想的基础上构建出了相应的教学模式，通过各种不同的教学活动，教学模式得以践行。混合式教学模式的流程为：设计依据→设计目标→实施过程→反馈完善。

（一）基于 QQ 群的高校体育混合式教学模式的设计依据

随着高校体育教学改革的深入推进，健康第一、健身育人、以学生发展为本成为体育教学的主要指导思想，在此基础上，灵活运用多种教学模式，从而提高体育教学的质量，使体育教学获得更为丰硕的成果。学生作为体育教学中的主体，教师开展的一切教学活动都应当围绕着学生，在基于 QQ 群的体育课混合式教学模式设计中，也应当充分考虑学习者的特征，这样不仅能对学生学习的初始能力有大致的了解，还能对不同学生的特点有全面的把握。

（二）基于 QQ 群的高校体育混合式教学模式的教学目标设计

不同教学模式在教学中实施的目的都是相同的，即达成教学目标。混合式教学模式同样如此，要想取得良好的教学效果，首先需要设计出合理的教学目标，而后，教学活动便围绕着这一目标开展。体育课程改革为当前的体育教学制定了更加科学合理的目标，并通过三个维度表现出来——知识与技能目标、过程与方法目标、情感态度与价值观目标。由此也能看出，体育已经不再是单纯教授学生体育知识、锻炼学生体育技能的学科，而是从学生的全面发展需求出发，培养学生的体育综合素质。根据这三个目标维度，学生应当做什么、在什么环境下做、做完之后要达到什么要求都是体育教师在教学目标设计中应当明确的。

（三）基于 QQ 群的高校体育混合式教学模式的实现条件

1. 网络工具的支持及物理环境

混合式教学模式的实施离不开必要的上网工具，因为无论是微信还是 QQ 都需要网络设备的支持，现如今的大学生，人人都有智能手机，还有很多同学有平板电脑、笔记本电脑等移动上网设备，所以基于 QQ 群的体育课混合式教学模式具有坚实的网络工具支持。

相应的网络环境更是不成问题，大学生几乎都配备了流量套餐，他们随时可以畅游在 4G 甚至 5G 的网络环境中。绝大多数高校为了方便学生开展网络学习，还专门设置了校园无线网，只要在校园内，学生便可以尽情地使用。

2. 场地器材分析

21 世纪以来，高等教育的发展始终受到教育部门的关注，体育教学更是处于不断的改革优化之中。现在，绝大多数的高等院校体育场地器材都非常完备，即便是某些硬件条件一般的高校，也都拥有标准的 400m 塑胶田径场，各种球类器械等也都配备。在这样的硬件环境中，体育教师需要注意的是，专门项目的体育器材并非只能在对应项目的教学中使用，如球类器械也可以在其他体能课上应用，从而锻炼学生的肢体协调能力。

（四）基于 QQ 群的高校体育混合式教学模式的实施过程

1. 课前实施

每节课的教学内容都可以通过相关的教学平台查阅，为了减小学生课前自主预习的难度，教师可以搜索与本节课教学内容相关的技术动作视频，根据学生的实际接受情况稍加调整，而后上传至 QQ 学习群内，并把预习任务告知学习小组的组长，让小组成员带着任务开展学习。若学生在观看教学视频的过程中产生疑问，可以通过群聊及时向教师求助，教师将一般性的问题加以解答，那些难度太大的问题则留到课堂上集中阐释。

2. 课中实施

体育委员发挥带头作用，组织全班同学进行热身训练，与此同时，各小组长帮助教师把上课所需的器械道具放到相应位置。全班同学热身结束后，体育教师就本节课需要学习的内容向学生简单提问，考查他们课前自主学习的成果，而后，教师详细讲解教学内容，并亲身示范。在此基础上，全班同学以划分好的小组为单位，在小组长的带领下开展动作训练。体育教师进行巡回指导，对动作错误的学生加以纠正。练习结束后，各小组进行比赛，对获得胜利的小组予以奖励，失败的小组则接受适量的体能加练惩罚。

3. 课后实施

体育课程结束后，教师要为学生布置相应的作业，以巩固学习成果，具体包括体能作业、技能作业与上课总结。完成作业的过程中，出现任何问题都可以通过 QQ 群与同学探讨或者直接向体育教师请教。

第三节　高校体育多媒体教学模式

一、多媒体技术

多媒体技术，也称为多媒体计算机技术，它是一种新型的、具有交互性质的计算机技术，主要用于处理各种复杂的媒体信息，包括文字信息、声音信息、图形信息、图像信息以及视频信息等，该技术可以使各种媒体信息相互联系、相互融合。

（一）多媒体技术的特点

1. 多维性

多媒体技术具有多维性，它能够扩展信息处理的范围与空间。这种多维性还体现在对输入信息的加工、创作方面，同时它还可以增强输出信息的表现能力与表现效果。比如，在多媒体体育教学中，学生除了学习文本知识内容、观察静态图片图像之外，还可以借助多媒体技术观看正确的动作示范，这有助于学生从多个角度了解、把握动作。

2. 交互性

多媒体技术具有交互性，具体来说，就是人与人之间的交互、人与机器的交互以及机器与机器的交互，也可以理解为人机对话功能，多媒体技术可以与使用者进行沟通。交互性是多媒体计算机与传统电视、音响设备之间的最大区别所在。面对传统的电视机，人们只能被动地接收其输出的信息，观看其设定好的节目，而面对多媒体系统，人们则可以按照自己的喜好与需求，自主选择、搜索、观看甚至参与节目的播放与设计。

3. 集成性

多媒体技术具有集成性，它可以将各种文字、声音、图像等媒体信息集合起来，对其进行有机组合，进而得到完整的、全面的多媒体信息。多媒体技术的集成还包括媒体设备、媒体工具的集成，比如计算机系统与音响、视频设备的集成。总而言之，多媒体技术就是把各种媒体信息、媒体设备有机结合起来，最终实现声音、文字、图像、视频的一体化处理。

除了上述特征之外，多媒体技术还有一些其他特点，比如实时性特征、分布性特征、综合性特征等。多媒体技术的实时性是指在处理一些与时间相关的信息时，处理过程中的人机交互操作、显示、检索等操作都要实时完成。多媒体技术的分布性是指多媒体的数据、素材分布在不同的时间、空间中，其应用也分布在不同领域，这就要求多媒体产品的研发要引入各个专业领域的人才。多媒体技术的综合性是指要将各种媒体信息、媒体设备整合成一个整体，进而发挥整体的作用，产生综合的效应。

（二）多媒体技术发展趋势

1. 多元化

多元化并非仅仅意味着应用领域呈现多种方向的发展，更是技术水平的整体发展及提升，实现了从单机系统向以网络为中心的多媒体应用过渡，有效地应对了传统技术条件下存在的各种问题。随着多媒体整体技术水平的不断提升，有效满足了用户的多元化需求，在未来，多媒体技术也会朝着有效方向发展。

2. 部件化、智能化和嵌入化

现阶段，多媒体技术应用最广泛的领域是智能家电领域。在多媒体计算机硬件及软件持续升级的前提下，其整体的性能有了明显提高，多媒体终端设备智能化水平显著提升，例如文字/语言的识别和输入、机器人视觉和计算机视觉等智能。"信息家电平台"这一概念，使多媒体终端能够集合家庭购物、办公、医疗、教学等各种领域的应用，这也是下一步多媒体终端的发展走向。

3. 网络化

计算机网络技术涉及的信息量较多，将多媒体技术与计算机网络技术实现有效管理会构建出更全面完善的信息网络平台，能够便于大众开展工作生活交流。从客观角度而言，计算机多媒体技术网络化发展的前提是通信技术的发展。正是基于二者的融合发展，促进了多媒体技术在各个领域的有效应用。通过使用具有交互性、动态发展的多媒体技术能够打造出立体形象的三维场景，实现办公娱乐的有效结合，也能够随时随地开展高质量的视频会议。随着计算机无线网络的进一步发展，个人区域网络、无线宽带局域网等都会促进多媒体软件的开发，进一步打造网络时代新的发展浪潮。

二、高校体育教学中多媒体技术的辅助作用

（一）多媒体技术辅助体育理论课教学的优点

1. 提高学生的学习兴趣和学习效率

对外界的好奇、对信息的敏感是学生开展学习活动的源头与重要因素。体育理论教学中包含大量的感觉信息，其中最为突出的就是视听信息。在传统教学中这些信息很难被呈现出来，而多媒体技术的出现则改善了这一问题，它可以将这些感觉信息直观地、生动地呈现在学生面前，吸引学生的目光，并且它所呈现的信息更加完整、细致。多媒体技术可以把重要的体育理论通过图文、声频、视频、动画等形式展现出来，加深学生的印象。这种教学形式有助于营造良好的教学氛围，增强学生的学习兴趣，进而提升其学习效率。

2. 更新教学观念，提高教师自身素质

现代社会追求复合型、创新型的人才，这就要求教育必须开启改革之路，注重教学方式的多样化与实效性，努力探索有益于学生开展体育理论学习的教学模式，让学生更加快乐、主动地学习体育理论知识。将多媒体技术引入教学领域本身就是一种教学观念的更新，除了激发学生的学习欲望与学习潜能之外，它还有助于锻炼教师熟练操作各种技术设备的能力，提升教师的信息技术水平，从整体上提升教师的自身素质，进而对教学效果产生直接的、积极的影响。

3. 多媒体能系统地指导学生进行学习

在体育理论教学中运用多媒体技术，可以辅助教师更加顺利地开展教学工作，系统化地安排教学内容，科学地设置教学程序，同时还能够丰富教学内容，使教学重点更加突出、明晰，方便学生记忆学习。多媒体技术融入体育理论教学可以吸引学生的注意力，使理论教学变得生动有趣，不再枯燥乏味，从而激发学生的学习积极性。

4. 学生可用其进行自我学习及自我评价

借助多媒体开展体育理论教学，教师只需在课前制作好课件，然后在课上使用，并且这份课件是可以反复使用的，学生如果在课上没有听懂，那么他还可以在课下根据教学课件开展自主学习，还可以在相应的题库中进行测试，完成自我评价。

由此可见，多媒体技术融入体育理论课教学，能够充分刺激学生的多个感官，使学生在短时间内接收大量的知识信息。体育教学的多媒体化有助于完善教学内容，丰富教学资

源，使教学方式更加多样化，让学生更加清晰、方便地获取相关信息，并且能深化记忆。因此，多媒体技术辅助体育理论教学也是对传统体育教学的极大突破。

（二）多媒体技术辅助体育实践课教学的优势

1. 灵活运用，激发兴趣

在体育实践课教学中，教师可以借助多媒体的声、光、色、形激发学生的好奇心与学习欲望，培养学生的体育学习兴趣。比如，在篮球运动初期教学中，有的学生由于不了解这项运动，因此在教师讲解示范之后，一时间还是不能了解相关的规则、技能以及战术配合等，这会严重影响教学效率与教学效果。有了多媒体技术，教师就可以借助模拟篮球比赛的游戏软件，让学生在课前通过游戏了解相关的规则、战术等，这样在教师进行篮球动作示范时，学生更容易把握和理解。

2. 化难为易，化动为静，突出技术动作的重点和难点

体育实践课教学的内容包含许多高难度的、复杂的动作技术，甚至有一些动作技术是在一瞬间完成的。比如，田径运动中的空中跳跃动作，体操运动中的连续跳跃动作、滚翻动作、单杠回环动作等，这些动作的完成速度非常快，这给体育教师的示范教学带来了极大的困难。一方面，教师的自身条件存在差异，有的教师可能本身就不擅长某一动作，并且教师的示范教学还会受到年龄、现场状况、心理状态、示范条件等各方面的影响，这些因素都有可能导致体育教师无法准确地完成动作示范；另一方面，学生的观察视角与观察时机也非常有限，这些高难度的动作都是在瞬间完成的，即使教师示范出来了，学生也有可能没有捕捉到，看不清楚完整的动作过程，也就无法在自己的脑海中建立对应的表象，更别说用自己的身体来完成这些动作了。

多媒体课件可以将这些高难度动作清晰地呈现出来，并且还可以借助慢动作、重放等功能让学生仔细、反复观看，再配上教师的讲解，学生就可以顺利地理解这些动作技能，抓住要领，突破重难点，在短时间内建立起对动作表象的认识。显然，这有效提高了体育实践课教学的效率，为师生缩短了教学、学习时间。

3. 通过正误对比，纠正错误动作

在体育实践课上，教师可以借助多媒体技术，把一些优秀运动员完成动作的视频或者常见的错误动作整理汇集起来，制作成教学课件，在课堂上播放。要求学生自己根据教学课件讨论分析，提出问题，再一起探索问题的答案，让学生一边听课一边思考，同时还要学会自主表达。这样学生可以提前了解错误动作，在训练中尽量避免产生错误，在快速掌

握正确动作技能的同时还能够锻炼自己的观察分析能力。

4. 现场模拟练习

多媒体技术在体育实践课教学中体现出一定的交互性，教师在借助多媒体开展体育教学时可以实现人机对话。比如，在讲解足球比赛中的"越位"规则时，体育教师就可以借助多媒体技术编制一些交互性练习，可以设置两个选项，即"越位"与"不越位"，让学生自己选择，如果学生选择正确，就可以弹出一句赞扬的话；如果选择错误，就可以弹出一句鼓励的话。同时不管学生选择什么选项，都会弹出一个"解释"，针对正误为学生做出详细的解释，以此深化学生对足球规则的理解。这是一种充满交互性与乐趣性的体育教学模式，它可以让学生仿佛身处球场一样进行模拟训练，能够有效激发学生的兴趣，调动其积极性，使学生积极主动地投入体育学习。

5. 器械飞行的模拟演示

多媒体技术还可以辅助教师进行模拟演示，这种演示是可以控制的，并且能够清晰地展现出某些动作要素与最终成绩的关系。比如在讲解投掷运动项目时，教师可以利用多媒体技术模拟演示器械的飞行轨迹，直观地表现出手角度、出手初速度、出手高度以及空气阻力对最终成绩的影响，经过观察可以发现，在运动员出手角度准确的情况下，出手初速度越快、高度越高、空气阻力越小，则最终的投掷成绩就越好。与此同时，教师还可以引导学生观察分析，探索不同的投掷项目在不同的条件下需要把握的最佳出手角度。

多媒体技术在体育实践课中的应用是对传统体育教学、常规体育教学的极大突破，它促成了一种新型的体育教学模式，并且这种教学模式被证明是有效的、值得尝试和推广的。

三、高校体育教学中多媒体课件的制作与应用

（一）多媒体课件的制作

1. 多媒体课件的制作原则

（1）教育性原则。课件的教学内容要符合教学大纲的要求，同时还要满足教育心理学的要求。

（2）科学性原则。课件中的理论原理、定义概念都必须准确无误，相关的教学素材、观点论据都要符合科学，足够真实，具有逻辑性。

（3）技术性原则。教师熟悉制作多媒体课件的各种功能，及时学习新技术与新设备的

使用，按照技术标准完成课件的制作。

（4）艺术性原则。多媒体课件要具有一定的艺术性，能够感染学生、带动学生的情感，因此在构图、色彩、布光的安排上都要做到主题鲜明，为学生的带来一定的感官刺激。

（5）适度运用原则。多媒体课件发挥的作用更多的是辅助作用，教师可以借助多媒体课件为学生创设情境，刺激学生的感觉器官，调动学生的积极性与主动性，从而提升教学的效率。但是对多媒体课件的使用要合理、适度，不能滥用。

（6）适度信息量原则。制作多媒体课件要合理组织信息资源，为学生提供适当的信息量，着重解决教学内容中的重难点，拓宽学生的学习视野，有时过多的信息量有可能让学生找不到重点，模糊了学习的主要方向，因此，要遵循信息量适度原则。

（7）创新性原则。多媒体课件的制作要注重创新性，不能照搬照抄，要求制作者有自己独特的构思、巧妙的设计。

2．多媒体课件的制作流程

（1）课件选题。制作多媒体课件首要就是选题。在选择课题时，要充分发挥多媒体技术的优势，选择适合多媒体课件的课题；要选择有助于提高教学效率的多媒体课件课题，辅助教师与学生的教学、学习活动；要选择能够落实教学目标、突出教学重点的课题。

（2）素材准备和处理。在多媒体课件制作过程中，素材准备与处理也是非常重要的一步，好的素材可以使课件更加丰满，呈现出更好的效果。素材的选择应该突出主题，不必拘泥于形式。针对不同形式的教学素材，教师可以采用不同的计算机软件对其进行处理。

（3）创作设计。当教师收集获取了足够的素材之后，就要借助制作工具把这些素材变成多媒体课件，制作完成之后还要进行一定的试运行检验，根据检验评价及时做出修正。一份多媒体课件的教学效果还会受到制作工具与制作者本人对软件的熟悉程度的影响，工具的性能越好、制作者对软件越熟悉，那么最终制作出来的课件就越优质。

（4）多媒体工具选择。制作多媒体课件要根据教学内容与教学需求选用合适的编辑软件，这样能够达到事半功倍的效果。如果要制作教学内容较简单，动画展示较少，但图片内容较多的课件，就可以选择 PowerPoint 软件，操作性强，展示效果也好。如果要制作动画展示较多、内容较复杂的课件，就可以使用一些功能较多的编辑软件。

（5）程序脚本设计。程序脚本的设计是多媒体课件制作过程中的重要步骤，它实际上就像剧本一样，是程序运行的文字形式的表现，在制作课件之前要将主程序、分支运行的过程步骤详细地描写出来，然后在此基础上组织教学素材。在具体的程序脚本设计过程中，教师可以灵活地运用各种表现形式，比如某一部分只需文字表述即可，而某一部分则需要用图片表现，还有一些部分可以加入音乐、视频等。最后，教师要将这些想法全都用文字整理记录下来，形成一份完整的、详细的多媒体课件程序脚本。可以说，程序脚本就相当于多媒体课件的"骨骼"，它为多媒体课件制定了整体的框架，课件的运行方式、交互方式都是由程序脚本决定的。

（6）打包及网上发布。多媒体课件最终是要应用到教学活动中的，因此，制作多媒体课件的最后一步就是对其进行打包，并且发布到网上，便于他人采用。可以将课件保存在移动设备或者光盘上，这样即使脱离了制作课件的环境，也可以正常使用课件。也可以直接把制作软件上传到网上，师生可以直接从网上下载使用，进而使多媒体课件变成网上教学软件。

（二）高校体育教学中多媒体课件的应用

"多媒体课件应用于体育教学，促进了教师教学思想和行为的现代化。在体育教学改革过程中，如何提升教师的现代化素质，如何发挥多媒体技术优势，如何借助多媒体课件实现教学创新，是摆在体育教师面前的新课题。"①

1. 应用多媒体课件帮助学生掌握体育技术、知识

在体育教学中应用多媒体课件，首先要制作、选用优质的多媒体课件，只有这样才能达到体育教学的目的，学生才能学到正确的体育知识内容。多媒体课件的应用有助于提升学生的体育学习兴趣，传统的体育知识讲解有些枯燥乏味，但是加入多媒体课件之后，学生可以看到各种图片、动画、视频形式的知识讲解，这种教学方式更加生动有趣，可以让学生直观地看到体育知识信息，并且能够深化学生的理解。

比如，在讲解篮球运动中的技、战术时，教师可以在多媒体课件中加入一些联防策略，让学生将这些战术策略融入平时的训练之中；教师还可以通过视频形式展现相关的动作技能与战术，让学生更加直观地了解技术动作，逐渐掌握适合自己的训练方式，进而提升自己的运动能力。多媒体技术在体育教学中的应用，既可以丰富教学内容，吸引学生的注意力，活跃教学氛围，还可以让学生直接观察动作技术，把握动作细节，有效地提升体育教学的效率。

---

① 朱云霞. 多媒体课件在体育教学中的应用 [J]. 中国教育技术装备，2018（09）：129-130.

2. 应用多媒体课件培养学生探究、解决问题的能力

多媒体课件中包含了许多动作技能的要领以及易错动作，教师可以组织学生一起观看，开展小组讨论，积极提出自己的问题，并且努力寻找问题的答案，这有助于培养学生发现问题、解决问题的能力。比如，在学习"鱼跃前滚翻"这一难度较大的动作时，许多学生在短时间内难以把握动作要点，再加上教师的示范很难慢速进行，更是增加了动作学习的难度。面对这种情况，教师可以借助多媒体课件开展教学，将动作视频反复播放、慢速播放，帮助同学厘清动作要点，同时还可以将正确动作与错误动作放在一起进行对比，让学生在对比观察中学习动作，加深他们的动作记忆，避免他们在实际训练出产生更多的错误。多媒体体育教学为学生带来了便利的学习条件，在这种教学模式下，学生除了学会相关的体育专业知识之外，其探究能力、观察能力也得到了有效提升。

四、高校体育教学中多媒体网络教学平台的应用

（一）高校体育多媒体网络教学平台的基本结构与工作原理

教师与学生都可以借助浏览器登录该平台。学生可以用手机、电脑等个人移动设备连接平台服务器，在平台上进行体育知识内容的学习，也可以与教师沟通，上传自己的作业、问题等。平台的管理者以及体育教师可以对平台上的教学资源与内容进行维护，及时更新知识信息，上传最新的体育教学资源，教师还可以线上为学生答疑解惑，指导学生的体育学习。

（二）高校体育多媒体网络教学平台中模块的应用

高校体育多媒体网络教学平台是在互联网技术的基础上开发的一种应用于体育教学的综合系统平台，它可以满足高校学生的自主化、个性化体育学习需求，也能够有效辅助高校体育教师开展日常的教学活动。具体来看，高校体育多媒体网络教学平台包括以下重要模块：

1. 体育资源信息模块

体育资源信息模块主要用于整合互联网中所有的、最新的体育资源。一般来说，该模块会借助机器蜘蛛程序把所有体育资讯网站中最新的体育信息资源检索出来，并进行发布，为高校师生提供充足的、新鲜的体育资讯。一些高校也可以在这一模块发布本校的相关体育资讯。除了获取体育资讯之外，高校师生还可以在体育资源信息模块搜索、观看各

大体育赛事视频，了解体育赛事活动。

2. 体育教学模块

高校体育多媒体网络教学平台的核心就是体育教学模块，该模块主要用于辅助体育教学的全过程。具体包括课程简介、电子教材、电子教案、多媒体教学课件、教学视频等多个子模块。教师可以在这一模块将教学课件与资源上传，让学生自主开展体育学习；也可以借助多媒体教学课件，以动画、视频等形式为学生直观、生动地展示复杂的动作教学。对于体育教学资源比较落后的地区院校而言，体育教学模块为学生提供了在线学习优质课程的机会。

3. 即时通信模块

即时通信模块主要负责高校师生在体育教学过程中的即时沟通，教师可以通过这一模块为学生在线答疑指导，其他的体育专家与爱好者也可以通过这一模块进行即时交流。

4. 交流平台模块

交流平台模块主要为高校师生提供了交流、讨论体育知识与信息的空间，它的主要功能包括电子公告板、论坛、E-mail、在线交流等。

第四节　高校体育移动课堂教学模式

一、移动课堂的概念解析

从当前的情况来看，学界对移动课堂还没有一个统一的定义。具体来看，移动课堂的概念可以从以下三个方面进行理解：

首先，移动课堂是一个新事物，传统教学中的教科书在移动课堂面前并未被淘汰，它只是成为一种支持移动课堂的辅助性工具，教科书仍然是学生课堂学习的主要知识载体，可以说，移动课堂其实一直都在我们身边。作为一个新事物，移动课堂与传统学习是有着明显区别的，它改变了传统教学的一些弊端。

其次，移动课堂与数字化学习也有着差异，具有自身独特的特点：从学习者自身来说，其学习场所可以随意转变，任何有网络的地方都可以让其自由学习；从学习方式上来说，学习者可以根据不同的目的进行不同方式的学习；从学习环境上来说，环境是可移动的，另外，教学与学习的参与者，教师与学生也可以移动。因此，人们可以使用一些移动设备进行学习，从而充分利用自己的空闲时间。

最后，移动课堂需要一定的技术支撑，移动计算设备与互联网技术恰恰给移动课堂奠定了良好的技术基础，也就是说，移动互联技术使移动计算设备变得小型化。移动计算设备小型化让移动课堂变得更加便利，人们可以利用吃饭、等地铁的碎片化时间进行学习，这样就提高了学习的效率。

二、移动课堂教学的主要内容

（一）课堂学习

泛在学习与传统教学之间在课堂学习内容方面有着显著的差别，泛在学习课堂内容是对传统教学的延伸与补充，传统教学内容则有效支撑了泛在学习。

首先，将传统的已经相对成熟的知识体系导入其中，使其可以支撑整个系统的每个环节。传统教学因为一直都重视人才的专业化培养，因此，它积累了大量人才专业培养的经验。并且在此过程中，形成了比较完善的专业标准、课程标准、知识结构体系，这些系统的体系保证了课程的正常开展，对学生的学习有一定的指导作用。更重要的是，它能帮助学生在循序渐进中完成学习。有些学习成绩较好的学生，他们在学习过程中可以完成跳跃式学习，所以，这时就需要对这些学生进行测试，通过测试的学生可以打开知识学习的下一个权限，教师不应该面向所有学生打开权限，因为学习水平不同，有些学生无法完成高难度学习，从而会严重影响其知识结构。

其次，课堂学习要有比较详细的记录，这样教师就能全方位掌握学生的学习进度。学习进度的掌握主要可以从两个方面实现：一个是学生在专业学习走向上的进度，另一个则是其在某一门课程上的学习进度。专业学习的方向选择比较多，所以，学生在学习之前可以先根据教师提供的知识路线图对知识学习的先后顺序有一个清晰的掌握，教师在讲解时可以根据专业方向进行区别。此外，不少课程都设置了单元课，或者教师会相应地让学生完成哪一项学习任务，这样，教师就能清晰掌握学生的学习进度。更为重要的是，还能帮助教师了解学生知识点的掌握情况，进而调整自己的教学计划。学生学习进度的了解与保存是教师教学工作的必要内容，学生学习信息不仅帮助教师更好地教学，而且还有利于对自己的学习情况有清晰的认知。

（二）课堂测试

课堂学习完成之后，测试环节也是必不可少的。在测试的帮助下，学习者可以清楚地了解自己的学习情况,有助于自己调整自己的学习计划,改变自己的学习方法。同时,教师根据测试结果也能清楚地认识到自己教学的效果如何。

在测试环节,要适当导入一些资源。测试资源的种类有不少,主要的资源有三种,分别为平时练习、单元测试、课程考核。平时练习是大部分学生非常熟悉的一种测试,也就是大家所说的随堂测试,课堂知识的累积情况需要检验才能得知,因此,教师一般会根据教学内容安排随堂测试,以帮助学生认识自己的学习情况,了解自己的认知水平。通常情况下,这类资源往往会标有问题的分析、讲解过程,由学生独自完成练习;当教学计划完成到某一阶段时,教师需要让学生接受单元测试,通过单元测试,教师可以了解到学生前一阶段的学习情况,从而为后续教学计划的制订与开展提供依据。需要说明的是,这类资源主要是用来考查学生的学习效果,教师根据测试结果告知学生其应该在哪些方面做出改进;当一门课程学习结束之后,教师要让学生接受课程考核,这类测试内容涵盖了教师所教的这门课程的所有内容,有利于检验学生是否满足了课程学习的知识建构要求。

(三) 交流互动

在移动互联体系中,交流互动是具有显著特征的部分,移动互联技术具有较强的交互性,教师与学生不仅能实现线上的良好互动,即使是在线下,二者的互动也不会少,当学生遇到问题时,教师能及时帮助其答疑。而且,这种互动也不仅仅局限于教师与学生之间的互动,学生与学生之间的互动同样重要,学生彼此之间进行学习心得的交流,也非常有利于学生学习质量的提高。通常来说,交流互动需要实现以下两部分的内容:

1. 互动方式的选择

当前,在线课堂教学主要采取三种互动方式:①通过设置评论完成互动,允许学生在课程学习结束之后发表自己的观点,对教师的教学进行评价;②利用第三方联系渠道进行互动交流,目前师生最为常用的第三方联系渠道主要有 QQ、微信等,这些软件所传递的信息都是即时的;③通过论坛的形式完成互动,教师根据课程知识点开辟相关论坛,让学生在这个论坛上展开讨论,教师同样参与其中,这就完成了师生互动。这三种方式都各自具有自身的优势,具体采用哪种方式,教师可根据学生特点、课程知识点灵活选择。

2. 互动内容的选择

互动行为不仅让学生之间实现了互助学习,而且这种互助行为也会延伸到学生的日常生活中,有利于其协作互助精神的培养。互动是建立在一定的互动平台基础上的,互动平台让教师可以随时为学生答疑解惑,这样就能了解到学生的学习情况,从而帮助其改进后续教学设计。因此，在具体进行互动内容设计时，教师不仅要考虑课程本身的知识点，而且还要考虑学生的学习心得以及互动建议等。

（四）资源共享

在传统教学中，教师在上课之前会准备大量的教学资料，这些资料的内容是十分丰富的，有一些是从网络上下载的图片、音频与视频，而在移动课堂上，这些内容的获取并不仅仅需要教师来完成，学生也可以从网络上自行搜索资料，每个学生搜到的资料并不具备同一性，因此他们彼此之间可以实现资源共享。

资源共享需要教师与学生获得上传资源的权限，因此，移动互联平台需要给予教师与学生相应的权限，这样既方便了师生间的资源共享，该平台也可以获得更加丰富的资源。同时，平台还要做好资源的分类工作，以确保平台其他用户可以快速地找到资源。不过，在这种情况下，平台将会积累大量的资源，为了用户方便查找，平台可向用户提供关键词搜索以及相关资源链接等服务。

三、高校体育教学中腾讯微校的应用

（一）高校体育教学中基本功能模块的应用

1. 群发功能模块

腾讯微校具有非常大的优势，例如，它的消息传播具有即时性，群发功能具有主动性，并且具有瞩目性和线索性的特点。因此，用户阅读收到的消息时，十分方便快捷。用户可以在群发功能模块中看到一些信息的标题，这可以帮助用户判断哪些消息是值得阅读的，哪些消息是可以不阅读的。在群发功能的内容设置方面，可以根据用户的喜好进行针对性的推送，从而快速建立用户群。在体育教学中，教师可以建立一些公众号，将一些热点体育资讯放在公众号中，并且融入学生感兴趣的体育热点。在体育公众号的群发模块设置上，可以将其内容设置为体育资讯，这样可以更大地调动学生的阅读兴趣。

2. 自动回复模块

微校功能模块具有一个十分实用的功能，即自动回复模块，这个模块可以编辑出很多的信息，还可以建立一个数据库，将很多体育教学方面的内容储存在自动回复模块中。自动回复模块可以储存图片、文字、声像等不同的信息。这部分内容在公众号中是隐藏起来的，只有用户发送一定的关键词才可以获取自动回复模块的内容。关键词的存在需要设置一个说明来提示给用户，可以将其放在公众号的简介中，从而使用户知悉。

3. 投票管理模块

投票管理模块可以用来为体育教学进行投票，有的可以用来宣传体育文化活动。因此，这个模块功能是十分有价值的。在收集到用户的投票之后，可以对体育教学方面的各种信息进行统计，从而分析学生对体育教学的看法。这些数据最终会形成一个统计图，可以为公众号下一步的发展提供参考。

（二）高校体育教学中教学功能类模块的应用

1. 打分与查询模块

腾讯微校平台可以为体育教学的成绩进行打分，例如当腾讯微校平台中使用体测成绩计算器时，就可以根据国家在学生体质方面提出的标准进行计算，从而获得学生的体测评价表。另外，教学类功能的实现还可以通过微校平台中的"图书馆""查资料"模块进行教学资料的查询，从而帮助教师在体育教学中更加科学和高效。

2. 早起打卡模块

为了实现微校平台的教学功能，教师还可以在微校平台上设置"早起打卡"区，鼓励学生早期签到，锻炼身体。另外，体育成绩也可以使用微校平台中的"成绩查询"功能进行查询。

3. 课堂签到模块

在体育教学中，学生的课堂签到是一个重要的环节，因为学生只有到堂学习，才能在课堂上学到一些体育知识。为了节约学生考勤的时间，教师可以减少点名答到的次数，换成使用微校平台的智能签到模式。智能签到模式是指将动态的二维码与学生的体育锻炼结合起来，例如，学生在热身时可以扫描二维码来签到，可以在列队的时候进行签到，还可以使用手机的定位功能进行签到。这些丰富的签到模式解决了点名答到浪费时间的问题，并且智能签到的模式还可以自动生成学生的签到表，对教师考勤十分便利。

4. 比赛报名模块

在体育教学活动中，有一个比较重要的部分是比赛。为了宣传体育比赛活动，高校往往会设计一些体育活动的海报，在一般情况下，是将这些海报张贴在高校的公示栏中，但是有了微校平台以后，教师可以将海报和报名方式等上传到微校平台上，学生在手机上就可以看到关于体育比赛活动的消息，想参加比赛的学生可以报名，而不想参加比赛的学生可以去当观众。在腾讯微校平台上报名成功之后，会自动生成一个二维码，凭借二维码，学生可以进入比赛场地，这种举办体育比赛活动的方式极大地节约了教师和学生的时间，并且提高了效率。

第五节 高校体育智慧课堂教学模式

一、体育智慧课堂教学模式的基本建设

（一）体育智慧课堂教学模式建设的原则

1. 需求导向以人为本

要始终以需求为出发点，做到以学生为主体，满足其越来越多的体育智慧需求，在改革高校体育课程的过程中结合现代信息技术，让体育教学方式得到快速转变，使智慧体育教学拥有更强的能力保证体育智慧课堂建设产生的效益既高效又便利，全面服务于学生。

2. 统筹兼顾持续发展

在规划和设计体育智慧课堂的过程中要着重考虑其发展特征，做好统筹工作，进一步整合智慧体育的各项资源，落实好每一个步骤。在高校智慧体育课堂的建设过程中，既要充分发挥高校的主导作用，还要发挥企业在资金和技术方面的作用。共享资源和信息，促进合作，让体育智慧课堂的建设得到社会各界的广泛关注和支持，此外还要关注环保和安全问题，保证体育智慧课堂实现长足发展。

3. 创新驱动增强活力

始终将创新作为动力源泉，在创新智慧体育的过程中要做到全方位，既要立足于理论，也要立足于实践，并且进一步研究云计算、互联网、物联网、大数据、虚拟仿真等技术，以保证高校体育智慧课堂的顺利展开。

（二）体育智慧课堂教学模式建设的路径

1. 体育教育智慧课堂生态圈

始终贯彻"健康第一"的原则，坚持以学生为本，在体育教学模式的创新过程中可以

充分利用新一代信息技术，如大数据、移动互联网、物联网、云计算等，发挥学生的主观能动性，采用课上与课下相结合的方式，让教学有更高的效率，让运动数据实现可视化，加强学校、家长、教师、学生之间的交流，共同建立起体育智慧课堂生态圈。

2. 体育智慧课堂主体架构

体育智慧课堂的构建非常系统化，离不开互联网、云计算、物联网以及大数据等不同技术的支撑，课堂内容可以利用智能化服务平台进行推送，管理完全实现信息化。建构智慧体育校园服务平台，丰富学生校园体育生活，打造高校大学生群体运动素养不断提升的高地。以智慧体育为基础构建的体育智慧课堂需要注意以下四个方面：

（1）基础建设层。在建构体育智慧课堂主体的过程中，基础建设层就像地基，就是体育课堂智慧化的基础，其中包含了整合不同的体育资源、配备各种智能环境终端设备、改造升级运动场馆等。在收集体育信息的过程中可以利用物联网等技术，然后将其转化为数字信息，利用互联网输送已经整合完毕的大学生体育课堂信息。

（2）数据处理层。数据处理层就像是包含了大量数字化信息的货仓，可以将其看作健康云管理平台，是根据相关体系处理、分析、展现体育智慧课堂的数据，使用的技术有大数据和云计算等，基础建设层就是依靠数据处理层与端用服务层进行相互连接的。

（3）端用服务层。教学实现层达成的基础就是端用服务层，同时端用服务层还展现出了基础建设层与数据处理层最终的效果，属于前端工具，能够发挥的作用主要有教学、反馈、管理和评价等，还可以推送相关学习资源、管理学生成绩、提供体育类 App 等。

（4）教学实现层。整个体育智慧课堂主体架构的出发点和落脚点都是教学实现层。通过它可以呈现出最终的体育课堂智慧化效果，师生的整个教学过程都是在信息化的智慧体育课堂上完成的，可以说，教学实现层是体育智慧课堂教学效果评价的核心。

二、体育智慧课堂教学模式的影响因素

（一）学生层面

"所谓的智慧课堂是指从理念、技术与应用这三个维度解析智慧课堂的有关理论与实践问题，简单来讲就是在课堂上基于信息化的视角向同学们讲解知识点。"[1] 高校体育智慧课堂以学生为本，其主体也是学生，学生当前所具备的知识无法达到教学目标提出的要

---

[1] 林国庆. 基于智慧课堂的体育教学策略与应用 [J]. 内江科技，2018，39（05）：71-72.

求，这是最主要的问题，因此，学生成为高校智慧体育课堂第一个受到影响的。首先，高校学生的态度。从学生层面看，高校体育智慧课堂能否成功开展取决于大学生是否有兴趣使用体育类 App。其次，学生的配合度。高校体育智慧课堂的改革方向是教学的手段、方法和评价，而其中必然少不了学生的配合，在开展高校体育智慧课堂的过程中，不仅要严格管理学生，还要严肃对待成绩考核，高校体育智慧课堂能否顺利开展还取决于学生是否足够配合。

（二）教师层面

教学是高校体育智慧课堂的重中之重，教学活动是双边的，包含了师生之间的教与学，体育课程改革意味着教师要改变以往的角色，在参与课程开发的同时从主导者变为引导者，让学生学会自主学习。

1. 教师的理念

高校体育智慧课堂的理论基础来源于智慧教学理念，同时参考了人本主义、建构主义学习以及混合式教学等理论，在教学过程中做到以学生为本，充分发掘他们的主观能动性和主动建构性，帮助学生实现全面发展。从教师的层面看，高校体育智慧课堂能否顺利开展取决于高校体育教师能否做好教学设计、课前准备，能否做到与时俱进，能否对智慧化的教学理念进行认真的落实、总结和反思。

2. 教师的教法

也就是教师所采用的教学方法，以技术为基础的高校体育智慧课堂所进行的智慧化升级内容中包含了教学的环境、设备和手段，将大数据、互联网、物联网以及云计算等技术与课堂教学相结合，这会让教师转变以往的教学方法。高校体育智慧课堂能否顺利开展还取决于教师是否会使用智能设备、数据平台、智慧系统等。

第三章　高校体育课堂教学与人才培养

第一节　高校体育课堂教学与实践

一、高校体育课堂教学的备课

体育课的准备，通常称备课，即课前准备。从宏观层面来说，只要跟上课有关的、所做的方方面面的准备都可以称之为备课，不仅包括对教材的分析、对学生的分析，还有教学策略设计、场地器材的规划等；从微观层面来说，备课可以理解为写教案。教师应充分了解备课各要素，为课堂教学打下坚实基础。

备课是由思维转化成实操的过程。体育教师对体育学科要有过硬的把控能力，要掌握教育一般理论和体育基本原理，了解当今体育课程改革的动向，了解学生的身心发展规律等，还有一些宏观层面的东西也需要了解。上好一堂课，备好课是前提保障。

体育教师在进行备课时，要考虑到各种影响因素，因为备课的本质就是一种"预先设想"，在教学实施的过程中会存在一些不确定因素，备课就是以我们思考的结果为依据，将教学内容操作化，编排成可供学生学习的过程。在备课过程中最主要的就是根据单元教学设计方案，制订出课堂教学方案，备课其实是不断细化的过程。在备课的过程中要对各种因素进行全面充分的衡量、分析、评判，其中包括课程、学生、教师自身、教材、场地、器材等。

因此，教师有必要掌握备课过程中需要遵循的一些基本的、体育所独有的理论和规律。

（一）把握学生的发展规律

了解学生是备课中的一项重要内容，学生不仅是教学的对象，而且是学习的主体。教学是师生的双边活动，只有教师的积极性而没有学生的主动性是很难上好课的。备课不备学生，不了解学生的情况，就很难掌握好适宜的尺度。因为，教学内容的安排要考虑学生的机能状态；教学任务的确定要依照学生的素质水平；教学方法的选择要推敲学生的接受能力；运动负荷的大小要适应学生体质的强弱。

备课时只有充分全面了解学生，才能做到因材施教。对学生了解得越多越全面，备课的依据越充分，教学的针对性越强，教学效果也会越好。备课是上好课的关键之所在，教师通过备学生，可以加强备课的目的性、针对性和实效性，从而优化教学过程，发展学生潜能，促进学生人格的健康发展。

1. 身体素质发展

高校阶段的学生身体增长的速度逐渐减缓，他们的身高、体重、胸围、肌肉、骨骼都接近成年人的标准。身体发育基本成熟，骨骼已基本骨化。神经系统发育完全，大脑皮层和机能已达到成人水平，兴奋和抑制过程基本平衡，第二信号系统起着重要的调节作用，但神经联系的复杂化和大脑活动的机能仍在日趋完善。教师在备课时，应该抓住学生身体素质的关键期，有针对性地设计一些身体练习项目或内容，以促进学生身体素质的发展。

2. 人类动作发展

人类动作发展对体育学科的学习来说是非常重要的支撑理论，因为体育学科本身以身体练习为主，在学习技能的过程中，其基础就是动作。因此，教师要了解动作的发展规律、动作的发展特征以及动作的发展序列。教师在备课时，所选择的教材、内容要符合该年龄阶段学生的动作发展规律，并且能够诊断学生动作能力或技能水平是否符合特定年龄段的发展水平，以及识别学生动作发展的正常序列，避免动作发展滞后带来的学习和生活障碍。

人的动作发展具有一定的时序性，教师在备课过程中所需选择的教学内容、方法、手段等都应该注意每个阶段学生在动作发展层面上的需求，注重对各时期主要动作的干预教育。

体育学习最重要的就是为后续的发展打下良好的基础，而这一基础就是发展好学生的基本动作技能水平，这样能够更好地为后续的体育学习和锻炼打下坚实的基础。动作技能的学习与发展是一个不断变化的过程，它是遵循人类动作发展的序列而发展的。

(二) 分析体育学科教材

从体育学科本身来说，由于体育项目的种类比较丰富多样，所以可供选择的教材也就比较广泛。例如，田径中的跳远、铅球等，球类中的足球、篮球等都有各自的教材。教材是进行教学的基础，是解决教什么和为什么教的关键，对教师课前准备，科学制定教学策略有重要意义。

分析教材是整个备课工作的基础，也是备好课的主要环节。只有把教材分析透彻，才能为备好课提供必要的条件。对教材的理解和分析是备好课、上好课和达到预期教学目的的前提和关键，对顺利完成教学任务、实现教学目标具有十分重要的意义。

第一，对教材的理解和分析有助于教师掌握体育教材的逻辑体系。分析教材有助于教师掌握教材的逻辑体系，尤其是体育学科的学习，它是以身体练习为基础的学科，在动作技能学习上有一定的逻辑性。因此，只有全面熟悉教材、分析教材，清楚前后学习内容之间的关系，才能够把握好教学活动的高效性。

第二，对教材的理解和分析有助于满足学生的发展需求。分析教材能够使教师清楚教材的价值所在，尤其是对于体育教材的分析，可以知道教材的健身和教育价值的所在，继而组织编排适用于教学对象的学习内容，最大限度地促进学生的身心发展。

第三，对教材的理解和分析有助于教师科学地设计教学活动方案。分析教材能够了解整个教材的基本内容，清楚教材中各部分之间的结构体系，把握好教材的特点。在分析教材的基础上，选择必要的学习内容以丰富教学内容，促进学生的学习，使教师对教学活动进行科学的设计，达到教学活动方案的最优化。

第四，对教材的理解和分析有助于全面贯彻和落实体育与健康课程标准。通过认真钻研教材，全面理解和掌握教材，深刻理解教学目的和任务，把知识、能力、情感态度和价值观等培养目标具体化，并把它们合理地内化到整个学期的各单元以至每节课的教学之中。

此外，钻研教材不仅是教师教学工作的重要内容，也是体育教师进行教学研究的一种主要方法，是教师的教学能力和创造性劳动的充分体现，对于教师业务素质和自身素质的不断提高、教育理论知识的加深理解、教学质量的提高都具有十分重要的意义。

（三）分析高校的客观条件

体育教学的支持性条件主要包括学校的场地、器材、人员等各种人力、物力资源情况。体育教学的开展必须依赖学校的场地、器材来进行，因此教师在备课的过程中就必须清楚学校所具备的条件，以便于所设计的体育课能够顺利开展。同时，了解、分析学校的场地和器材，也会为教学资源开发改造提供基础。体育备课时可以通过思考对学校现有的场地、器材等各种资源进行开发改造，来促进教学。备课也好，上课也好，最终依托的就是学校的物质基础。认真分析学校的客观条件，充分思考所在的外部环境，才能使所备的课具有适宜性。

二、高校体育课堂教学的组织

体育课堂教学组织是体育教学正常有序开展的纽带，良好的体育课堂的组织管理是体育教学质量的保证，也是体育教师业务工作的基本内容之一，更是体育教师教学能力的重要内容。

"体育学科授课教师应重视教学创新，精心准备授课内容，组织好授课过程，提升体育课程的课堂管理效果，提升高校学生群体对体育课程的喜好程度与参与热情，领会到体育精神的真谛。"[①] 体育课堂教学是指在学校规定的一节课中，按照教学计划规定的内容，由专任教师和学生在规定的教学时间及地点进行体育教授和学习活动的过程。

在体育课堂教学概念中包含三个规定因素：一是有规定的时间，即体育课堂教学是在规定的时间内进行的（通常每周是按一定间隔时间安排两次课）；二是有规定的内容，并由专任教师进行有目的、有计划的规范系统的教学；三是有规定的教学地点，它区别于课外体育活动和学生自由的体育锻炼行为（通常是安排在各种体育场馆内进行的）。

（一）体育课堂教学组织的形式

1. 编班教学

目前，我国体育课常用的编班形式有以下三种：

（1）按自然行政班上课。可按原班男女生混合上课，多用于体育教师较少的学校里。

（2）按男女生分班上课。可将同年级若干班级的男女生先分别合起来，再按编班容量分成男生班、女生班分别上课。

（3）按选项模块分班上课。可将具有相同兴趣和爱好的学生组成若干个班，再以班为单位分别上体育课。

2. 分组教学

分组教学是把一个班分成若干小组，教师以小组来进行指导的教学组织形式，这种教学既保留了班级教学的长处，又能在一定程度上解决区别对待的问题，即教师可以根据各

---

① 刘子仪. 浅析提升高校体育课堂管理的有效措施 [J]. 科技资讯，2021，19（05）：114-116.

小组的不同特点进行不同的指导。这种分组通常是以学号、身高等自然因素来进行，也可将学生按照运动能力的原始成绩分成不同水平的小组，教师根据不同小组的实际水平进行教学。每组有指定的小组长，通常起着"小教师"的作用。

教学分组有随机分组、同质分组与异质分组三种。

第一，随机分组。随机分组就是按照某种特定的方法或标准，将学生随机分成若干小组。小组成员之间没有共性，小组间也没有明显差异。随机分组简单、迅速，具有一定的公平性。缺点是无法很好地做到区别对待，无法考虑学生的兴趣爱好与体育需求，不能满足学生个性的发展及需要。

第二，同质分组。同质分组是指分组后同一个小组内的学生在体能和运动技能上大致相同。同质分组的方法在教学中常自觉和不自觉地得到运用。例如，在田径的跨栏课教学中，我们常设置不同高度的栏架让学生有所选择，经过一段时间的练习，每个学生基本可以选择自己最适合的栏架高度进行练习，这时的分组形式即为同质分组；在篮球教学中，常常会将篮球技术水平相当的学生分在一起活动；在田径的短跑课教学中，学生总是要找与自己速度差不多的同学一起跑；在中长跑课的教学中，学生刚过第一圈，队伍就已经分成了几个小"集团"，这时形成的"集团"就是典型的同质分组。

第三，异质小组。异质分组是指分组后同一小组内的学生在体能和运动技能方面均存在显著差异。异质分组不同于随机分组，是人为地将不同体能和运动技能水平的学生分成一组，或根据某种特别的需要对"异质"进行分组，从而缩小各小组之间的差距，以利于开展游戏和竞赛活动。例如，教师可根据需要测试学生某个项目的原始成绩，根据原始成绩，用蛇形排列的方式将学生平均合理地分在各个小组中，此时形成的小组就是典型的异质分组。

（二）合作学习小组的建立

1. 合作学习小组的组织

合作学习也就是成立两人或两人以上的学习小组。建立合作小组是合作学习的一个重要环节，如何组建这个小组对合作的效果也起着至关重要的作用。在合作学习实施中小组分得是否合理、得当与学习效率的高低密切相关，这就要求我们的体育教师在安排合作学习之前要深入了解自己的学生，提出一个科学灵活的组建方案。首先，由体育教师或班主任合作将全班学生依其性别、学业成绩、个性特点、家庭、社会背景、守纪状况等方面的合理差异组成"组内异质，组间同质"的合作学习小组；其次，用一节课时间进行学生原始成绩的测试，根据学生的原始成绩，"同质或异质"组建合作学习小组。

教师在组建合作小组时，应注意结构的合理性：①小组人数要合理，一般以 7~8 人为宜。人数太多不利于学生间的交流和个人能力的充分展示，人数太少也不利于学生间的交流和互助。②分组应按照学生的身体素质、学习能力、性格特点的差异进行分组，让不同素质、不同层次的学生进行组合。这样分组不但有利于学生间的相互促进，而且为全班各小组之间能展开公平的竞争。③小组成员还可以按活动任务的需要让学生进行自由组合，这样可以使学生有新鲜感，提高合作学习的兴趣。

小组合作学习的教学策略有利于促进学生的主体性发展，要进行小组合作学习必须转变教学观念，必须建立集体教学、小组合作学习与个别指导相结合的有利于发展学生主体性的教学组织形式。体育教学中进行小组合作学习，有利于建立学生间和师生间的良好人际合作交往关系，有利于促进学生的主体性发展，提高运动技术水平，更好地体现体育教学的实效性。

2. 合作学习小组的实践

（1）自主结合。在体育教学中，许多练习内容可以让学生自主结合成为练习伙伴。由于平时的相处有较深的了解，感情融洽，在体育技能的练习中，他们会合作得很好，互为指导者，互相切磋技艺，取长补短，彼此都能为对方较准确地完成动作而由衷地喝彩。自主结合在形式上虽与传统的分组教学相似，但在组成原则、方法和指导思想上则完全不同，它突出了学生性格的相似性、交流的接近性、帮助的互补性。使学生学习目标整合、志趣相投、心理相容、智能互补，社会交往动机得到较好的满足。有时候当一方遇到困难时，另一方会真诚地鼓励其增强完成动作的信心。

（2）自主学习。体育教学过程是学生自主学习能力发展的过程，教师应以学生认识问题和解决问题的能力为出发点，培养学生的思考能力、观察能力和实践能力；在创设情境下不断启发学生思维，找到发挥学生自主性的"引子"，改变"管理约束性"的教学为"启发、宽容、帮助性"的教学。

（3）自由选择练习手段。学生之间存在着身体素质差异、生理差异、个性爱好差异及学习目的态度和方法上的差异等。教师在教学时，要根据教材内容有针对性地提出多种练习手段，由各合作学习小组群体讨论，结合本小组实际选用学生喜欢的、新颖的练习，可以多选多练；学生不喜欢的练习，可以少选、少练或不选、不练，达到学生自己选择练习手段的目的。

（4）自由支配练习时间和练习次数。这是在教师指导下的自由支配练习时间和练习次数。在体育教学过程中，课内练习时间和练习次数不要固定死，教师在教学中应把握抓大放小的原则，教材中一些基本的环节由教师把握住，一些小的环节可以让学生自己去尝试。通过合作学习，让学生获得自主练习的时间和空间，这样既培养了学生的操作能力，又让学生体验了时间的价值观。

（5）自由交往。学生在合作学习中，受社会交往动机驱使，学生相互之间的交往，教师应给予鼓励和引导。通过学生之间的相互交往，可以规范学生的行为，缩短心理距离，增强合作学习小组的凝聚力。

三、高校体育课堂教学的管理

体育教学的中心环节是课堂教学，要提高教学的质量，就必须优化教学过程。每个体育教师在上课时都会有一些收获或不足，无论多么成功的教学课，总是存在可改进的地方，为使其臻于完满，就需要优化体育教学过程。

体育与健康课堂教学常规，是为了保证体育教学工作的正常进行，对师生的教与学提出一系列的基本要求，是学校体育教学管理的一项工作。规范体育与健康课堂常规，不仅有助于建立正常的教学秩序，严密课堂的组织，而且对加强学生的思想品德教育，促进学生身心的健康发展都有十分重要的作用。

（一）建立体育课前常规

教师课前常规包括两点：①教师课前的准备和编写教案。教师课前应主动与班主任及体育干部约定，及时了解所上体育课班级的学生情况，并根据了解情况认真备课，写好教案。②场地、器械的准备和清洁卫生工作。应组织指导学生或亲自动手，及时布置和检查场地，准备教具，一切准备工作应在课前准备就绪。

学生在体育课前应充分休息，饮食适度。若因病、伤，女生例假不能正常上课，课前由体育干部或学生自己主动向教师说明，教师应根据不同情况，分别妥善安排。

师生在检查和整理好自己的服装（只能穿运动服、运动鞋）后，应按约定的课前几分钟到达规定的集合地点，等候上课。

（二）建立体育课中常规

1. 教师课中常规

（1）教师待体育干部报告后，向学生宣布课的教学目标、内容要求等教学安排，并指出这节课易出现的安全问题，然后逐步按计划进入教学状态。

（2）教师按教案进行教学，在无特殊情况下，不得随意更改；关心爱护所有学生，对学生进行适时鼓励，与学生共同创建和乐的教学气氛。

（3）注意安全卫生；检查学生执行规定的目标、要求等情况，以求面向全体学生。

（4）课结束时，进行小结和讲评，让学生及时知道课中的表现。提出课后学习的要求，预告下节课的内容，布置学生课后归还器械和场地整理工作，有始有终地结束一堂课。

2. 学生课中常规

（1）学生准时按指定地点集合上课。上课铃响后，体育干部进行整队，向教师报告班级情况。

（2）学生上课时，要专心听讲，仔细观看教师动作示范和启发引导，并积极思考，分析理解动作要领，有疑难问题及时提出，有机地把大脑思维与动作练习结合起来。

（3）学生须自觉遵守课堂纪律，爱护场地、器械，在教师的引导下，与教师共同努力完成课的各项学习目标。

（4）课结束时，学生进行自我评价和对他人评价，并协助体育教师归还器械和场地整理工作。

（三）建立体育课后常规

第一，教师每次课后，应及时进行教学反思，并做好书面总结，如总结经验，提出改进措施等。

第二，教师要检查布置学生课后归还器材等工作的执行情况，以保证下节课教学的正常进行。

第三，对缺课的学生，要做好书面考勤记录，并进一步地调查清楚，必要时给予补课或课外辅导。

四、高校体育课堂教学的实践

（一）体育课堂说课教学实践

1. 体育说课教学的认知

说课作为学校体育教研的一种形式，现已成为教师认真备课，钻研、探讨教学问题的好方法，是提高教师素质、培养造就研究型教师的有效途径之一。说课不仅丰富了备课内容，而且也为促成有效课堂教学奠定了基础。备课是教师凭借掌握的知识及课堂经验去思考设计课堂，而这种思考是隐性的；上课是传授体育知识、技能，培养学生能力的基本形式；说课则结合了备课与上课的优点，教师把自己隐性的思维过程及其设计教学活动的理论依据用简洁清晰的语言表达出来。在说课过程中难免会发现备课中不易发现的问题，通过补充、加工、修改进而提高教学准备的充足性。

说课，对于教师了解、研究和评价一节课，专题研究某一教学内容以及培养和提高教师课堂教学水平具有重要的意义。说课能反映教师课前、课后的各种活动、教学设计理念以及课的实施过程中教学策略与认识等；这种教研活动为我们寻找到了运用集体智慧共同提升教师教学水平的有效途径；在一定意义上，它也找到了教学理论和教学实践的有机结合点，找到了课堂教学中几个关键要素，即备课、上课、评课的有机结合点。

教师将体育教学的理论与实践有机地结合起来，并将备中说、说中评、评中研、研中学集为一体，这是优化课堂设计、提高教学效果、强化教学水平的一种有效途径。这种把个人研究与集体研讨融为一体的教学研究活动，既能集众人的智慧，又能扬个人的风格，使学校教研组活动真正成为落实学校体育教育教学工作的基本阵地。

2. 体育说课教学的意义

说课的兴起是教育事业发展的需要，随着教育改革的深入，说课将作为教学研究的一种形式，在发挥其应有的作用中获得发展。说课的好处很多，从不同的角度去看，有不同的答案。根据实践和理解，体育说课在教学活动中的意义主要包括以下五个方面：

（1）营造和谐的研讨氛围。自从提出了体育说课的概念，广大体育教师就能够迅速地接受它，并且把它转化为自己的教学实践行为。由此不难看出，说课这项教研活动有利于各学科的教师从理论走向实践，有利于教师从实践中不断反思，有利于教师从集体的智慧中汲取营养，这也是一线体育教师教学实践的迫切需要。

体育说课是将静态的个人备课转化为动态的集体探究，由此形成一种发挥群体优势的研讨氛围，教师在说课中所阐述的教学设计往往是带有自创性的经验成果，它所营造的教研氛围，有助于引导广大教师自觉地从经验型向探究型、学术型转变。在说课现场，参与的专家或评委的评价能充分体现真实性和准确性，以较高的教育素养、鉴别能力进行高层次的切磋和交流，这就很自然地增强了教和研的深度，有利于教师认识教学规律，把握教学研究的方法，提高教学研究的能力，有效地改变体育教师只"教"不"研"的现状，促使"教"和"研"的有机结合。

目前说课主要以一种同事、同行间共同探讨的形式，针对具体问题各自提出自己的看法和建议，在和谐中养成自觉探究和思考教学问题的良好习惯，这为学校体育教研活动的开展营造了一个良好的氛围。

（2）促进教师的专业发展。体育教师专业发展是教师专业成长或教师内在专业结构不断更新、演进和丰富的过程，包括观念、知识、能力、专业态度、动机、自我专业发展需要的意识等方面。体育说课不仅要求体育教师立足于实践，而且要求教师必须有一定的理论素养，这样才能使说课以一种最精练的、最准确的方式把其所有想法表达出来。

说课能够比较全面地折射出一个教师的基本素质。体育说课要求说课者既要有深厚的体育学科专业知识，又要有较好的体育教育教学理论知识，更需要有较强的体育理论联系实际的应用能力和研究能力。因此，教师要说好课，为寻求本人教学特色的理论支撑点，不仅要认真钻研教材，而且要自觉学习相关的体育教育教学理论，还要查阅大量相关教育的信息资料。

说课活动的开展，促使教师从看教学参考书、教案转移到认真学习、钻研教育教学理论上来，把刻苦学习教育学、体育心理学、体育教学基本原理等理论知识作为一种直接的内在心理需求，养成自觉运用体育教育教学理论指导教学实践的习惯，促进体育教师走"自我更新"的专业发展之路。在基础教育课程改革的背景下，教师传统的教学观念、教学方式将受到前所未有的挑战，其中很多都关系到理论与实践结合的问题，如体育教学理念的转换、教学内容的选择、教学目标的把握、教学方式方法的更新、学生评价的合理性与准确操作等。

（3）利于教师教学反思。教学反思是教师自觉地把自己的课堂教学实践作为认识对象，进行全面、深入的思考，再以体会、感想、启示等形式进行总结。反思自己的教学行为，对整个教学过程进行回顾、分析和审视，总结教学的得失与成败，才能形成自我反思的意识和自我监控的能力，才能不断丰富自我素质，提升自我发展能力，逐步完善教学艺术。体育教师说课是把体育教学理念、教学目的、教学内容和教学方式方法融为一体的过程，它反映的是教师对教学理念、教学策略和教学设计的思考。

对于说课者来说，说课是要把课堂教学操作行为以概括性的语言阐述出来。因此，说课对每个教师来说有一定的内在驱动力，它能引发教师去思考，去努力完善自我。说课这种活动方式，也无形地引领教师对教学进行比较系统和深层次的反思，反思的意义在于对原教学中一些问题进行归纳和解决。每位体育教师在教学实践中都有自己独特的体验或经验，教师都希望在集体活动中能有自己独特见解或能有所创新，这样的集体活动氛围，有助于激发教师对课程改革的思考，对教学方式方法的更新，对如何有效教学的思考。

创新源自对问题和对现状的反思，创新需要一些真正能激活教师思维的动力。说课就能够促成教师在反思基础上去发现问题，去寻找新的突破点，这样就容易引起教师在教学上的创新。因此，说课是一种形式和手段，当我们很好地把握了这个手段，很好地对体育教学规律、教学本质加以理解和认识时，这种手段就会带来巨大的教学变革。

（4）构建教师交流平台。课程改革在很大程度上离不开教师的集体合作，说课能加强教师间的集体合作意识。体育课程内容庞杂，具有很强的综合性。体育教学活动离不开场地器材的统筹安排，离不开学校体育活动有序的排列和教师之间的配合。体育运动项目繁多，众多学生有不同的运动兴趣与爱好，如何去满足不同性别、不同年龄学生的运动兴趣，如何有效开展体育教学等，这些问题，放在集体的合作中，就有可能得到解决。

说课这个教研活动能有效地让教师聚集在一起，共同探讨每一个人所遇到的问题，在和谐的教研氛围中，容易达成共识或找到最佳的解决方案。过去我们在教学研究、教学总结等方面做得还不够细致，以至于在很多情况下，一线体育教师在教学实践中做得很好，但在说课时却不知道如何去表达，如何去提炼总结，结果就会使得教师一谈起教学科研时就觉得自己不行，这样的事情只有专家才行。在现实教学中，如何才能有效地把实践操作与理论知识结合从而转化为教学资源，是每位教师面临的问题。

通过说课可以为广大教师提供一个广泛交流、表达和展示才能的平台。通过说课，教师可以把自己在教学中所总结和秉持的教学观点、教学认识、积累的教学经验，甚至是自己在教学中所产生的情感以及自己的所想所思，通过说课的具体方式形象地表达出来，以便与同行进行广泛的交流和总结。这样不但能够提高教师的教学水平，而且还能够通过某一单元、某一课的教学内容概括出新的理念、获得更多经验。

（5）促进教学评估。很多学校、教育行政部门由于看到说课这项教研活动在推进教学改革、提高教师专业能力、促进学校整体发展方面有着积极意义，同时具有可操作性、可评价性，所以把说课纳入教学管理、教学评估之中。目前，我国很多学校在聘任体育教师时，就以说课来考查入职教师的专业能力和专业水平，所以，说课已成为评估教师能力和水平的一个重要方式。近些年来，说课能迅速地从一个研究成果转化为政府部门的决策，转化为教师的实践行为，也从另一个侧面说明了说课的价值所在。

说课与备课、上课等教学环节既为一体又有区别。说课是对备课、上课等教学环节的规范与制约，但三者又有着共同的目标指向，因而又是统一的。这就要求我们在体育教学实践中既要抓住各自的实质，明确各自的不同任务和特点，不能相互混淆或取代，但又不能割裂它们之间的联系，即不能脱离备课与上课去孤立地研究说课。

说课要以备课为基础，以上课为归宿，架起由备课通向上课的桥梁，使各个教学环节构成一个紧密的链条，据此形成教学设计、说课、上课的理论与实践融合的教学整体。体育说课的核心问题可使教师在备课、上课过程中的理论依据得以充分体现。体育说课中不仅要说"实"，即说教什么、怎么教，而且还要说"虚"，即说出教什么和怎么教的理论依据。这样就能够使体育教师的教学冲破狭隘的个人经验与习惯，使教学成为高度自觉合理的活动。

（二）体育模拟上课教学实践

模拟上课是在没有学生的情况下，通过教师的讲述，将预设的课堂教学虚拟展现出来的一种展演课的形式。模拟上课与现场上课不一样，与说课和课堂实录也不一样。

模拟上课，通俗地说就是"无生上课"，是一种模仿真实的课堂，即在没有学生参与的场景下完成的虚拟教学活动。由于模拟上课所用时间短，又不受场地、天气、器材等因素的限制，所以发展非常迅速，在招聘、评课、赛课、职称评定中频繁出现，成为考查、评定教师教学技能的方式之一，目前更是受到广泛运用。模拟上课作为一种新型的教研活动方式，弥补了说课时不能考查体育教师运动技能的不足，它对教师的专业发展提供了帮助。

在体育教师的教学基本能力中，备课是上好课的前提，备课给教学提供理论依据，说课能促进教学思考，"模课"更能将理论升华、实践绽放。由备课到模拟上课，体育教师需要精确地把握学情和教情，改善预设，提高应变能力，思考如何教好。这样，从根本上提高教师的备课质量，使课堂教学更加科学、合理、可操作和有效。

课堂教学是师生互动的双边活动，体育模拟上课能将真实的课堂"浓缩"，将冗长的课堂教学的时间进行压缩，虽然不能十分精确地反映上课的实情，但至少给更多的教师展示驾驭课堂的平台，是说课的一种补充和延伸，主题鲜明，重点突出，是经济、实效的教研活动。体育模拟上课对教师的专业素养有一定的要求，这就促使教师要不断地学习、充实，更新理念，提高理论水平。模拟上课时教师要用自己的语言和动作展示教学思路和设想，这无形中提高了教师的语言组织能力和表达能力，以及动作示范和课堂组织能力，促进体育教师自身的素质提高。

与说课相比，体育模拟上课更侧重于教师综合素质和实践能力的反映，因此也更适合当前的教育改革趋势。说课要说教材的内容、地位、教学目标、重难点，不仅要说出"怎样教"，还要说清"为什么这样教"，要让听者不仅知其然，还要知其所以然，比较侧重理性层面。模拟上课是说课的延伸和补充，选取说课中的教学流程这一部分把它具体化，把教材的内容、地位、教学目标、重难点等通过模拟上课表现出来，更侧重于它的实践性。模拟上课与说课教学流程有一个共同的特点，就是应抓住本节课教师认为是亮点或重点的地方加以重点突破，详细阐述与展示。

基于模拟上课是实践教学的浓缩版，是教师模拟上课的真实情境，是把体育课堂教学中的过程，在没有学生的情况下用自己的肢体动作、场地器材变化、语言表达，以虚拟的活动形式描述出来的特点，模拟上课能更真实地反映出教师的基本素质、业务水平和组织教学能力等。模拟上课与真实上课的主要区别是没有学生的直接参与，它要求教师做好充分的预设并在相应的学生活动环节中巧妙过渡。真实上课除了有学生的互动参与，还掺杂了突发的、不可预见的体育教学事件，对教师的课堂调控能力和教学洞察力有更高的要求。

模拟上课将个人备课、教学研究与上课实践有机结合在一起，突出教学活动中的主要矛盾和本质特征，同时又能摒弃次要的非本质因素，使教学研究的对象从客观实体中直接抽象出来，具有省时、高效的特点。它把传统的说课和课堂教学合二为一，浓缩并结合，更高层次地展现了教师的综合素质。

模拟上课能较好体现体育教师的教学技能和模仿能力，它整合了传统的说课和真实上课的一些优势，丰富了教学手段。体育模拟上课教学形式是评价教师教学专业基本技能的方法手段之一，也是教师获得钻研教材教法、关注学法经验的重要途径。但体育模拟上课的不足之处也是明显的，课堂上只有预设的突发事件，不能很好展现教师处理突发事件的能力，对教材内容融合缺乏仿真的灵活运用。

因此，体育教师要不断提升自身的教学基本功，扬长避短，注重环节、把握细节、突出重点，在模拟上课时，注重与真实课堂教学有机结合，最终达到教学最优化，使模拟上课绽放光彩。

第二节　高校体育课堂教学设计及策略

"体育教学设计是提高体育教学效果的重要环节。体育教学设计应树立系统思想，做到体育教育思想目标化，体育教学目标过程化，体育教学过程方法化，并要通过体育教学设计与体育教学实践的高度协同来充分体现体育教学的价值。"①

一、高校体育教学设计的意义

体育教学设计是体育教学活动得以开展的基础环节之一，教师也应对其重要性有所了解，进一步把握体育教学设计的意义。

（一）利于体育教学工作的科学化

任何教学活动都是在教学设计的基础上开展的，体育教学也不例外。体育教学设计是体育教学活动实施的依据，而体育教学设计又是依据相关理论展开的，具有科学性。这就要求教师对相关理论、科学的教学思想或方法有所了解，才能在教学设计中将其灵活运用。因此，从这个角度来说，教学设计推动力体育教学工作的科学化。

（二）利于教学理论与实践的结合

体育教学设计将理论与实践贯通，搭建起体育教学理论与体育教学实践相互沟通的桥梁。这种沟通主要体现在两方面：①体育教学设计以科学的教学理论和教学方法为指导，这些理论与方法能通过教学设计运用到教学实践中，指导教学活动开展；②教学设计还是教师多年体育教学经验的总结，教学设计推动着教师实践经验转化为理论、方法，能反哺现有教学理论。

综上，教学设计使教学理论与教学实践密切相连，促进了教学理论与教学实践的结合。

（三）利于培养科学的思维与能力

教学设计旨在通过教师创造性的设计，解决教学中存在的问题，在设计中往往会提出系统的分析、解决问题法方法，而这种方法大多是可以迁移的，如在其他学科教学中遇到了相似的情景和相似的问题都可将方法迁移运用。体育教学设计的分析、思考、实践、运用、优化等过程还可以培养教师的思辨能力，提高其分析和解决问题的能力。这种能力不仅能运用于课堂教学，还能用于课程规划、自我培养、学科建设等更广的领域。

---

① 伍天慧，谭兆风.体育教学设计与实践的系统观［J］.体育与科学，2005，26（2）：78.

(四) 利于加速对青年教师的培养

"体育教学设计是体现体育教师综合教学能力的一个非常重要的方面。在研究促进体育教师专业化发展，全面提高体育教师教学能力的同时，对如何提高体育教师教学设计能力，以适应新课程要求的研究具有非常重要的意义。"[①] 教学设计的过程是教师思考并总结经验的过程，对于年轻教师而言，刚步入教学生涯，缺乏教学实践经验，虽然在校期间对教学理论知识已有所把握，但如何将其运用于教学还有待学习。教学设计就是教师学习将教学理论与教学方法运用于体育教学实践的重要途径，教师在设计中不断思考、试错，还可以借鉴优秀教师的设计思路，进而在实践中不断提升自己的教学能力，促进教师自身技能发展。

(五) 利于提高体育资源开发质量

网络时代到来，体育教学也须与时俱进，探索与现代社会相符的新型体育教学节目，并丰富体育教材，如体育媒体教材就是当下最热门的新型教材。教材的开发是体育教学内容和体育教学方法融汇并精心设计的结果。教材作为教学的权威书目，必须有较高的质量。通过学习和掌握体育教学设计的理论与方法，能让教师时时了解体育学科教学的新动态，与时俱进，学会使用现代化教学媒体编制相应的媒体教材，在提高体育教学质量、普及各级体育教育知识等方面发挥积极作用。

二、高校体育教学设计的原则

(一) 以学生为中心

一直以来，关于教学设计的中心一直存在争议，教师和学生都是教学活动的主体，到底以教师为中心还是以学生为中心也是许多教师在教学活动中面临的问题。中心不同则教学设计的出发点、落脚点和过程都是不同的。在体育教学设计中，教师要明确以学生为中心，才能符合现代学校体育发展规律、满足新时期体育教学改革的需要。

具体而言，坚持以学生为中心的原则大致包括三点：①引导学生全面认识自己在体育技能学习中的优势与劣势，并及时反馈学习效果，培养其自主学习和主动解决问题的能

---

① 蒋占玉，王长顺. 体育教学设计探析 [J]. 时代教育（教育教学版），2010 (7)：123.

力；②给学生充分的发挥空间，为学生创造不同情景，让其将所学知识运用到情景中；③发挥学生的主动性，鼓励学生发现并解决问题，激发其创造精神。

此外，以学生为中心并还要考虑学生自身的知识结构和现有经验，把握不同年龄段学生的生理和心理需求，在全面了解学生的基础上，做到尊重学生，构建平等、和谐的师生关系。当然，以学生为中心不意味着一切以学生为准，在发挥学生主体作用之时，还要忠于教材，完成教学目标。

以学生为中心的原则要求体育教师在组织教学活动时要做到以下两点：

第一，因人制宜。因人制宜要求教师针对不同学校和不同学生要设计不同的教学步骤，学校教育水平和学生的基础能力都会对教学设计的产生影响，因此，教学设计要在把握学情的基础上展开，教师平时要养成研究学情的习惯。研究学情不能停留于表面工作，大多数老师将学生的测试成绩作为了解学情的唯一途径，这显然是不全面的。成绩的产生还有许多影响因素，这些因素不能通过一个数字就反映出来，因此，教师想要深入了解学情，可以通过选出个案、深入调查的方式实现。

第二，因材制宜。因材制宜的"材"就是教材，不同的教材切入点、难度都各不相同，学生对不同教材的适应能力也不同。因此，在设计新教学内容时，先对现有教材有一个大致了解，明确该教材的长处与不足，如有些教材缺乏对必要基础知识和相关背景的介绍，此时就需要在教学设计中补充这些内容，启发学生观察、比较、分析，培养学生的认知能力和自学能力。

（二）全体发展

全体发展原则就是要让每一名学生都学有所得，共同进步。这就要求教师在教学设计中要针对学生的综合水平对其进行分层教学，为不同层次的学生找到最适合的教学内容、教学方法。因此，教师在设计时要力求全面，既要满足综合水平较高的学生的发展需求，也要兼顾综合水平较低，学习吃力的学生群体的要求。在教学目标设计环节教师可以对他们分别设立不同的目标和要求，避免因目标设立过低阻碍优秀学生突破自我、不断进步，也能预防因目标设置过高让后进生产生挫败感和退缩的念头。总之，全体发展原则就是在体育教学设计中要"关注个体差异与不同需求，确保每个学生受益"。

（三）快乐体育

快乐体育原则强调体育教学设计要坚持趣味性。学生作为学习活动的主体，其学习主动性越强则教学效果越好，因此，教学设计切忌枯燥、单薄，要激发学生的学习兴趣，引导其发挥学习自主性。具体来说，教师在选择教学内容、教学方法的时候都应当充分考虑学生的需求和学生的认知特点，为学生创造愉悦、轻松的学习情境，唤醒其学习兴趣。当然，设计不能一味追求趣味性，这种趣味性是有条件的，一方面，趣味性要从学生的实际出发，如学习状况、个人兴趣和身体素质等；另一方面，趣味性设计以实现教学目标，完成教学内容为目的，不能脱离课程限定的教学范畴。

总之，快乐体育原则就是让学生在体育教学中领悟体育活动的乐趣所在，培养其终身体育的意识。

（四）健康第一

健康第一原则中所指的健康涵盖心理和生理两个方面，坚持健康第一原则就必须做到以下两点：

第一，实效性。实效性强调教学设计应当是提升教学质量和教学效果的设计，不能脱离现实教学环境。实效性要求教学设计从实际出发，教学设计能满足学生和教学需求，能切实推进教学任务的完成、教学目标的实现，且设计要能及时调控，根据课堂教学的反馈进行优化，保障其实施效果。一般来说，对教师而言，设计是否具有实效性主要是通过学生来体现，如该设计是否适合学生的认知水平，学生能否听懂、学会、掌握、运用学到的知识。

第二，德育性。素质教育强调德、智、体、美、劳全面发展，作为现代教育体系的重要组成部分，体育教学也承担着德育重任。德育性顾名思义，就是教学设计还要考量对学生心理健康的教育、对学生综合素质和思想品德的提升。在教学设计中加入德育内容，使其对学生产生潜移默化的影响，培养有道德、有思想，品行端正的社会主义接班人。

（五）目标导向

体育教学设计是通过发现教学问题、策划解决教学问题的预案来实现体育教学目标的准备过程。体育教学的任务就是帮助学生从起始状态达到目标状态；体育教学设计就是为了制订科学、合理的教学实施方案，高效地帮助学生实现这种状态的转移。因此，体育教学设计的每一个环节、每一个步骤都要考虑对教学目标实现的作用和效果，检查设计的每一个环节是否有助于向着目标状态的高效转移。目标导向原则是指体育教学设计必须紧扣体育教学目标，所有教学环节的设计都以目标为导向，体育教学设计方案要保证教学实施过程的行为与目标保持高度一致，为目标的实现服务。

（六）程序恰当

程序恰当原则不但要求教师把握学生的认识过程规律、动作技能形成规律、身体发育规律、身体适应规律，深入了解学生的知识学习基础、身体基础、动作技能基础、体育学习态度，而且要求教师根据现有教学环境条件，研究体育教学内容体系，编制体育教学步骤，使体育教学设计程序化。此外，体育学习程序的编排要有利于学生原有的认知结构、动作技能、健康水平、身体素质向新的体育学习内容转化，有利于动作技能的良性迁移，有利于促进学生的学习和社会适应能力的形成，还要便于教与学的操作。

三、高校体育教学设计的内容

（一）目标设计

教学目标是教学设计的具体内容之一。在体育教学设计时，教学目标的确定影响着后续教学方法、教学内容、教学媒介的选择。体育教学目标的设立要全面把握体育教学价值、着眼于体育教学全过程。具体来说，体育教学目标设计首先要关注教学对象——学生的学习状况和学习成果，还要时时了解学生的学习过程，如在学习某项技能后时的态度、情感、价值观的变化。一般情况下，体育教学的目标在表述上至少应包括三个部分：①提出评价学生达成目标的标准，笼统含糊的目标是没有实际意义的；②说明在教学中确定的技能和行为；③说明学生完成任务时所允许的条件。

1. 目标设计的内涵

教学目标是目前达不到的事物，是努力争取的、向之前进的、将要产生的事物。体育教学与其他各科教学一样，都是向学生传授知识技能、发展智力、塑造人格、培养良好品德和形成个性的教育过程。同时，体育教学又有其特殊性，体育教学不仅是知识、智能和能力的培养过程，也是促进身体发展的过程。在体育教学中，教师必须明确，教师期望学习者在起点能力的基础上，通过学习获得什么样的终点能力，即体育教学目标。

体育教学目标是指在限定的教学时间内，师生要达到的一定的教学结果、教学设想。教学目标影响着教学实施的具体策略。体育教学目标是指导体育教学活动的具体设计、实施和评价的基本依据，对教学活动具有导向、指引、调控、测评等功能。体育教学目标是人们对体育教学活动结果的一种主观上的愿望，是对完成体育教学活动后学习者应达到的行为状态的详细描述，它表达了学习者通过体育学习后的一种学习结果。体育教学目标是体育与健康课程目标的具体化，是由教师根据有关教育法规、课程标准、体育教学的本质和功能、学生实际以及体育教学环境和条件的实际情况制定的。

体育教学目标设计是体育教学设计的重要环节，因为体育教学目标一旦确定下来，其他的体育教学设计环节都要围绕它来进行。体育教学目标设计是将体育教学中学习者通过参与学习体育与健康知识、运动技能，实现学生的体育参与意识和行为表现、技能掌握、整体健康促进所要达到的行为结果、体验性或表现性结果，用具有可测量性、可观察性和可操作性的目标条目准确地表述出来的过程。体育教学目标的有效设计，应主要基于体育与健康课程标准在该水平或学段的目标定位，学生主观的学习需要分析，依据主教材的分析以及教学对象的学情分析而定。

在获得充分依据的前提下，考虑如何使所设置的目标准确、全面、具体且可操作，也就是说，通过一堂课或一个阶段的教学，目标的达成度应该能够在课程结束时得到明确检验。

2. 目标设计的特性

体育教学目标设计具有如下特性：

(1) 计划性。体育教学目标设计具有很强的计划性。体育教学目标是教师在进行体育教学活动之前，根据体育与健康课程的要求、体育教材和师生的实际，预计学生通过一定的学习活动和学习过程所要达到的在观念、认知、技能、行为、能力和情感等方面的学习结果标准或程度。

(2) 具体性。体育教学目标设计很实在、很具体，能体现体育教学和学习行为的方向。体育教学目标是教师把学生从起点状态转变到期望状态的航标，需要详细说明目标的主体、实现目标的条件、学习行为的结果以及结果的标准，即解决谁来做、在什么样的条件下做、做什么以及做到什么程度的问题。

(3) 可行性。体育教学目标设计的呈现要求具有可操作性。体育教学目标是师生在教学活动中通过努力能够实现的结果，并不是可望而不可即的理想状态，所以教学目标特别强调可行性。

(4) 一致性。体育教学目标设计是通过教师的教和学生的学，双方合作实现的，是教师和学生共同努力的方向，具有较强的一致性。体育教学目标设计既是教师的教学目标，也是学生的学习目标，需要师生之间共同理解、认可和努力。体育教学目标设计的落实不仅要体现在教师的教学活动中，而且要体现在学生的学习过程中。

3. 目标设计的方向

体育教学目标设计就是将课程不同阶段的要求具体化，以每学年、每个月，乃至每堂课设计的具体目标的形式呈现出来。这其实是对教学活动进行分解，通过学生的学习表现来综合衡量教学效果，避免教师将体育知识灌输、技能传授作为课程的唯一目标。设计教学目标能让教师准确把握教学活动的最终目的，不仅关注学生的最终成绩，还会通过每堂课的目标达成度不断改进教学。此外，明确的目标还是评价教学效果、衡量教学水平的指标之一，便于教师时时自查、自检。因此，构建完整的体育教学目标设计体系是十分重要的，它是教学活动的导向。具体来说，可以从以下两方面展开设计：

（1）纵向体系设计。体育教学目标是一个完整的体系。纵向上看，体育教学目标包含着不同的层次和水平，是由一系列有递进关系的目标所构成的完整目标体系。

（2）横向体系设计。横向来看，体育教学目标实际是一个目标群，因此设计教学目标时应当从知识与技能，过程与方法，情感、态度和价值观这三个维度整体思考和把握。只有这样，才能使体育教学真正体现其对促进学生实现"整体的人"的发展价值。

4. 目标设计的要求

体育教学目标是体育教学活动的出发点和归宿，是课堂教学的灵魂，因此，科学、合理地设计好体育教学目标，对于体育教学设计是十分必要的。为此提出了体育教学目标设计的基本要求，具体如下：

（1）整体协调。体育教学目标是包括各种层次的具体目标在内的整体系统。设计体育教学目标就应注意系统把握、整体协调，不仅要设计各层、各类具体的教学目标条目，而且要使各层、各类具体的教学目标充分连贯，形成一个完整和谐的系统，使之较好地体现体育教学目标的系统性、层次性、递进性和联系性的特点。

（2）细化分解。体育行为目标、体验性或表现性目标是衡量体育学习目标达成与否的具体指标，体育学习目标的达成依赖于体育行为目标和包含体验性或表现性行为目标的逐一实现。所以，体育教学目标的细化分解直接关系到体育教学效果的优化和教学质量的提高，体育教师都应具备细化分解体育教学目标的能力。只有将体育教学的一般目标分解成细致的操作目标，才能在体育教学实践中将体育教学目标落到实处，才能把体育教学目标转化为行为目标或包含体验性、表现性目标的具体行为状态或表现。

（3）表述确切。为使体育教学目标能够直接地指导、调控体育教学活动，且便于观察评估体育教学效果，体育教学目标的表述应该尽可能使用便于直接观察的行为动词，明晰地表述预期学习结果的外显行为变化。

（4）难度适中。难度适中是指设计的体育教学目标应处于学习者的"最近发展区"，即学习者经过努力即可以达到的程度，这样的体育教学目标有利于发挥其激励功能，调动学习者的学习积极性和主动性，同时可以使学习者体验到成功的愉悦感。

5. 目标设计的程序

体育教学目标的设计应遵循以下程序，主要分为准备和实施两个方面：

（1）体育教学目标设计的准备程序。体育教学目标设计的准备程序主要有以下四步：

第一，学习体育课程标准。体育教学目标设计要学习体育相关课程标准、课程指导纲要，明确课程理念、目标以及实施要求。

第二，制订体育教学计划。体育教学目标设计要根据学校体育与健康课程的实际，制订水平或学段教学计划，明确学年和学期教学计划，设计单元教学方案。

第三，分析体育教材内容。为了确保体育教学目标的实现，必须有合乎体育教学目标的体育教材作为载体。分析体育教材的目的在于确定体育教材内容的特点、功能、范围、深度和重点等，使体育教材内容更好地为体育教学目标的实现服务。

第四，分析体育教学对象。分析体育教学对象即分析体育学习者的学习需要、一般特点、起始能力和学习风格等。找出体育教学中存在的问题和原因，确定学习者的现状和目标之间的差距，是教师确定体育教学目标的基础和依据。

（2）体育教学目标设计的实施程序。教学活动的开展离不开教学目标的指导，教师要将散乱的、模糊的目标整合为有序的、具象的教学目标，对于体育教学而言，这些目标必须是可观察、可测量的。

（二）过程设计

体育教学过程的设计就是把体现教学的流程通过某种方式表示出来，具体描述出课堂教学的基本结构以及各个部分、各部分中各要素之间的相互关系，并设计出直观而具有交流价值的教学设计方案，一般的形式是教案。

1. 过程设计的内涵

现代教学系统由教师、学生、教学内容和教学媒体四个要素组成，教学系统的运动变化表现为教学活动进程（简称教学过程）。教学过程是课堂教学设计的核心，学生的学习需要、教材、教学对象的分析，教学目标、教学策略、教学媒体的设计等，都将在教学过程的不同组合方式中得到体现。体育教学过程设计就是用流程图的形式间接地反映分析和设计阶段的结果，表达教学过程，直观地描述教学过程中教师、学习者、学习内容等基本要素之间的关系，给教师提供一个有重要参考价值的教学设计框架。

体育教学过程可以直观地显示体育课堂教学中各个要素之间的关系、比重层次清晰，一目了然。教学过程设计是教学设计的落脚点，事实上，教学过程所具有的理论依附性、动态性和系统性等重要特征是对任何教学系统都起作用的。随着现代社会和教育的发展，人们对体育教学过程的认识包括：①学生不是体育教学过程的被动受教者，不是被动地掌握和接受知识和技能的容器，而是积极主动的参与者；②教和学是师生积极、和谐的互动过程，是师生双向信息交流的过程，更是在教师的积极引导下发展学生自主学习的能力以及发现问题和解决问题的能力的过程；③体育教学过程中需要实现多元化的目标等。

2. 过程设计的原则

对体育教学过程设计必须遵循一定的原则，才能起到良好的效果，否则不仅不能取得预期的效果，还有可能起到诸如打乱教学计划这样的负面作用。体育教学过程的设计一般遵循以下原则：

（1）教师主导原则。随着现代科学技术在课堂教学上的应用，课堂教学改革的不断深入，教师不仅是信息编码、讲解内容的主体，他们还应在课堂教学中发挥主导作用，从灌输知识到引导学生主动接受知识。在体育教学中，教师主导具体表现为教师在教学中引导学生主动参与教学实践活动，独立思考、积极练习，让其在自主状态下获取知识并习得技能。

（2）学生主体原则。学生主体原则就是在体育教学中发挥学生的主体性。学生主体原则要求教师改变传统的教学思想和教学模式，在教学中注重启发学生，激发其学习积极性，让其主动吸收知识，通过自主学习、独立思考、合作学习等途径获取知识，让教师和学生在教学中平等相处，真正做到动脑、动口、动手。

（3）媒体优化原则。教学媒体系统功能的充分发挥也是通过多种媒体组合后形成的优化结构来实现的。各种体育教学媒体应"各施所长，互为补充，相辅相成"，形成优化的媒体组合系统。

（4）认知规律原则。认知规律原则就是要求教师在设计中要遵循学生的认知特点，满足学生的认知需求，把握不同年龄段学生的认知规律，才能提高教学效率和教学质量。一般情况下，体育教师面对着多个年龄层次的学生，不同年级年龄不同，同一年级也有不同年龄的学生，教师必须对自己教授的学生有一个整体把握，了解其认知规律和认知特点，掌握其心理特征。

3. 过程设计的范式

体育教学过程设计的范式主要有两种：突出循序渐进的教学过程范式和突出行动导向的教学过程范式。

（1）突出循序渐进的教学过程范式。体育课先教什么、后教什么，先怎么教、再怎么教等问题都是在确定教学过程或做教学流程图时应考虑的关键问题。这种先后的顺序性，决定着教学的过渡性。因此，这种过渡要合理，要切合实际，这就是突出循序渐进的教学过程。

（2）突出行动导向的教学过程范式。有些体育教学设计比较强调教学过程中的行动性，其中包含教师教的行动和学生学的行动。这样的教学过程动感较强，且方法明确，重点突出，这就是突出行动导向的教学过程。教学过程中教师使用"回放""欣赏""观看""了解""练习""跑""探讨""研究""比赛"等行动性词语，一方面，能够让大家明确该课主教材"快速跑"是如何实施教学的；另一方面，能够看出每一步要求学生做什么、怎么做。而且，该教学过程也同样显现出了符合观察感知、模仿体验、研究巩固的认知规律。

（三）媒体设计

1. 媒体设计的内涵

体育教学是信息传递的过程，相比于其他科目，体育教学的信息传递手段更多样，除了传统的口头传播、书面传播，还可以巧妙利用教学媒体达到信息传递的目的，如利用模型、幻灯片、录音机、示意图等。同时，体育教学还需要多样化的场地器材、各类教具和仪器仪表等作为体育教学信息传递的媒体。教师把这些教学媒介统称为体育教学媒体。媒体是指传递信息的手段，主要成分有文本、图形、声音、动画、视频等。体育教学设计中媒体的含义是广泛的，除了体育场地、器材以外，还包括语言、文字、粉笔、黑板、计算机等传统媒体和现代电子媒体。设计教学媒体时，教师需要综合各方面的因素。

2. 媒体设计的类型

利用各种教学媒体的主要目的是给学生在学习体育时提供不同的信息传递媒介，促进和调控教与学活动的效果。由于体育教学的实践性和特殊性，其所需要的教学媒体大致可以分为以下三类：

（1）场地器材。场地器材是体育教学中最基本的教学媒体，教学场地和器材的安排及使用也是教师教学功力的直接体现。一般来说，影响场地器材使用的因素众多，教师要综合教学环境、教材内容、教学目标、学生状态等影响因素，对场地和器材这类媒体进行精心布局、规划。

（2）教具仪器。体育教学需要学生通过多种感官来感知和学习各类知识、技能与能力，感受各种情感和情绪，感觉空间、时间、距离、速度、力量、平衡、灵敏、协调以及自尊、自信等。因此，体育教学需要教师结合实际创造性地运用、制作，或引导学生自制教具以促进学习；通过各类仪器仪表，帮助师生了解教与学的情况。

（3）教育设备。

第一，视觉媒体。视觉媒体传递的信息主要作用于学生的视觉器官，学生通过观察进行学习。视觉媒体包括印刷媒体和电子视觉媒体（投影、幻灯等）。印刷媒体具有可大量复制、可反复阅读、造价低、携带方便、容易保存等特点。电子视觉媒体的特点是能使学生观察静止状态下扩大了的动作图像；能将某些动作放大显示；放映时间不受限制，可长可短。

第二，听觉媒体。听觉媒体作用于学生的听觉，常见的听觉媒体有广播、录音等，其特点是能为学生提供抽象经验，在学生脑海中形成相应图像，培养学生的分析、概括和想象能力。其中，录音可以长时间保存；可以根据需要反复播放，操作方便、简单；能将声音放大，扩大教学效果；传播信息迅速，不受时空限制。

第三，视听媒体。视听媒体通过视觉和听觉两个方面为学生提供信息，视听媒体的特点是信息传播更直观、更全面，如电影、电视等都是常见的视听媒体。视听媒体在体育教学中不仅能系统地再现动作，还能调节动作所包含的时间要素，将缓慢的动作与快速的动作清楚地表现出来；能将动作放大或缩小。

第四，综合媒体。综合媒体就是综合了视觉、听觉、触觉等多种感觉，在多感官共同作用下实现信息传递，相较于单一的媒体，综合媒体的优势更明显，具体包括：①能在短时间内放出大量信息，提高教学效率；②能从不同距离、不同角度显示动作；能表现运动动作的全景、远景。

3. 媒体设计的功能

体育教学媒体是提高学校体育教育教学质量必不可少的手段，在教学中根据实际需要采用多种教学媒体有助于提高教育学信息的传递效率。

（1）优化传授知识的效果。体育教学媒体设计能提高知识的传播速度，强化教学效果。例如，传统的动作示范一般是连贯的，带有一定节奏的，因而速度较快，初学者仅通过动作示范往往难以把握要点，而多媒体放映就可以弥补这些不足，教师可以调控动作的时间要素，不断地再现该动作，辅以适当讲解，帮助同学提炼动作要点，获得直观的、清晰的感受，且多媒体画面还会在学生脑海中留下印象，帮助其构建系统的知识框架。

（2）拓宽体育教学的空间。由于体育教学是户外教学活动，因此，教学场地会受到天气和季节影响，极端天气就无法开展体育教学活动。此时教学媒体就发挥了重要作用，无法进行室外教学，就可以运用现有教学媒体进行室内理论教学，教师可以通过PPT普及相关体育知识，如帮助学生了解运动损伤和防护知识；教师还可以给学生播放一些与教学项目相关的录像，如游泳竞赛、篮球比赛等，结合实际的比赛录像带领学生直观了解比赛规则等抽象知识，拓展学生的知识面。总的来说，教学媒介设计还能有效扩展体育教学的空间。

（3）贯彻因材施教的原则。教学媒介设计还是贯彻因材施教原则的重要途径。具体来说，不同年龄段的学生身体发育状况、发育需求和认知层次各不相同，即使同一年龄段也存在性别差异、个体差异。教学媒介设计的重要考量因素就是学生，多种教学媒介的运用能更好地满足不同学生的需求，实现因材施教。

除了上述作用，体育教学媒体设计还是推进素质教育的途径之一，能有效促进学生的全面发展。体育教学就是借助体育活动将特定的教学内容和教育思想传递给学生，教学媒体的使用能让教学活动更具趣味性和感染力，在提升学生身体素质之余，还能潜移默化地培养学生的道德品质，进而促进其全面发展。

四、高校体育教学设计的策略

体育教学设计是体育教学中最为重要的环节，体育教学设计策略是为实现特定的体育教学目标而制定的教学模式、方法、形式和教学媒体等教学过程中所涉及的各个因素的总体考虑。正确把握体育教学过程中的基本问题，认识和理解体育教学设计策略的要求，是教师做好教学设计的关键。

（一）坚持健康第一的"魂"

健康第一是新时期体育教学设计的指导思想。健康第一强调从人本主义出发，打破了传统的只强调体质健康至上的健康观，主张以科学的、全面的健康观为指导，并将其融入体育教学目标设计。具体来说，科学的健康观应该包括饮食健康、发育健康、身心健康等多方面内容，通过体育教学不仅要强健学生体魄，还要促进其精神、品质的健康发展。

（二）设计课堂教学的"点"

新时期体育教学设计的策略选择要兼顾体育教学中课堂教学的"点"，课堂教学的"点"包括理念点、目标点、技术点、重难点。

1. 理念点。理念点是一堂课的教学中教师想重点贯彻落实的行动方向。教师不仅需要把这种理念体现和设计到教学方案中，还需要积极设计活动或教学场景，让抽象的理念通过具体的教学实践来呈现。比如，体育教学中想培养学生的合作精神，就可以设计需要团队合作的课堂活动，如拔河、两人三足等，通过这些活动，学生能在实践中直观感受合作的重要性，学会相互协调、相互帮助，合作精神自然就产生了。

2. 目标点。目标点就是将大目标分解为诸多子目标，这些子目标就是所谓的目标点（即单个的知识点），实现子目标就意味着知识点已被学生接受、掌握，诸多子目标的实现汇集起来就共同促进大目标的实现。

3. 技术点。技术点是根据教材本身的动作结构和动作要点确定的，是长期以来从不同运动项目的教学与训练中总结提炼出来的，在运动技能教学和练习中需要被关注。

4. 重难点。重难点就是学习任务中相对较难理解和掌握的部分，对体育教学而言，每项技能训练，乃至每堂课的重难点都不一样，教师对重难点的界定需要综合考量学生的学习水平、教学的具体目标等因素。因此，重难点不能采取"一刀切"的方式，针对不同层次的学生，重难点自然也各不相同。

（三）形成整体设计的"链"

新时期体育教学设计的策略选择要形成整体设计的"链"，环环相扣，为实现目标服务。教学目标贯穿整个体育课堂，从上课铃响起到课程结束，整个课堂都是为实现教学目而服务的。具体来说，从教学导入运动热身准备，再到开始运动技能训练、训练结束等一系列过程都是服务于教学目标的，各个环节相互联系，各环节的教学目标共同构成完整的教学设计链。

（四）突出教学之中的"变"

新时期体育教学设计的策略选择要突出教学之中的"变"，实现教材的生动、教法的创新。体育教学中的个性更多是基于不同体育教师在教学中对"如何教"的独特思考及具体教育教学智慧或谋略的应用，这使各级各类学校体育教育中的体育教学内容、策略、环境、过程及评价等方面呈现出五彩缤纷、变幻莫测的趋势。一些富有创意的运动已经成为学生重要的学习内容。

（五）搭建学生发展的"台"

新时期体育教学设计的策略选择要搭建学生发展的"台"，提供学生尝试、讨论与发展的平台。体育教学需要在设计活动和教学实践环节给学生搭建不同的平台，真正体现教师的"导演"角色和学生的"演员"角色。通过设计不同的演出或练习场景，帮助学生掌握体育文化知识、习得技能，获取运动的经验、感受，领悟师生活动中的情感变化和社会化过程，养成正确的体育态度和价值观等。在这个舞台上，学生可以当小老师，成为课堂的主人。在一定自由空间的合作学习中，教师为学生提供了充分展示自己才华、发掘自己潜力的天地；帮助学生组织调配、相互交流、合作竞争、想象创造等，为学生综合能力的提高提供了有利条件。

（六）贯穿教学活动的"趣"

新时期体育教学设计的策略选择要贯穿教学活动的"趣"，诱导、激发、保持和促进学生的运动参与。"趣"是体育课堂教学的生命线，是体育教学设计和实施的刺激点。其要求教师从研究教材与教法，设计活动内容与运动场景，促进师生、生生的交互，善用教学媒体，优化教学环境，体现教学评价对学生的激励与促进等各环节帮助学生感受运动乐趣，保持运动兴趣，形成运动特长，继而养成体育锻炼习惯；循循善诱，引导学生最终喜欢体育课，乐于参加体育活动，让体育融入学生的生活中。

（七）把握课堂教学的"度"

新时期体育教学设计的策略选择要把握课堂教学的"度"，包括难度、深度、广度和跨度。在体育教学中，教师需要深入了解教学实际，特别是学生体育学习行为的准备情况，这包括学生的体育态度、体育认知、身体健康状况、运动技能与经验基础等；为不同的教学对象提供适宜难度、深度、广度和跨度的教学目标、内容、技能要求、体能状况、活动强度与密度以及考核评价标准。

（八）调节课堂教学的"情"

新时期体育教学设计的策略选择要调节课堂教学的"情"，帮助学生感受和学习如何进行情绪情感管理。在体育教学中，教师投入的热情、激情是一堂课中学生学习状态的催化剂。教师和学生在课堂学习活动中能否积极、主动、愉悦与课堂的"情"密切相关。教师在方案设计中需要规划师生在不同活动中情感的激发与保持以及情绪的调节与控制。教师可以通过多种方式如制造各种气氛、与学生一起活动、参与学生的游戏与竞赛等方式感染学生的情绪，把学生内心深处的情感调动出来，让学生与学生、学生与教师之间的情感激发出来。如通过游戏活动中学生之间互相关心、帮助、认同、赏识等行为，以及各种不良情绪、情感的冲突、调适等，强化情绪情感的管理。

第三节　高校体育课堂教学评价与改革

高校体育教学评价是一种以教学目标为标准，对学生和教师进行系统化、综合型评估，并处于不断发展、不断完善的体系，对于提升教师的教学质量，增强学生的学习能力和独立思考能力有重要的参考价值。

一、高校体育教学评价的原则

（一）科学性原则

在体育教学评价中，应注重从评价程序和方法以及评价目标入手，进行评价标准的科学设计和安排，尊重客观规律，做到从实际出发，避免教学过程中的盲目跟风、经验主义，进而提高体育教学过程的科学性、合理性、严谨性，提升教学质量。要做到科学性，可以从以下三个方面入手：

第一，端正态度。如果在体育教学评价过程中质疑科学，盲目迷信个人经验，甚至是以个人直觉作为决策的依据，必然会导致不良后果。

第二，健全体系。建立健全的、合理的评价体系，才能合理安排和设置课程内容，实现理论与技能的双重教学。

第三，科学方法。科学的方法是体育教学评价沿着正确、合理的方向发展的重要途径，直接影响评价结果是否公正、公平、正确。

（二）客观性原则

客观性又称真实性，与主观性相对，指事物客观存在，并不以人的主观意志为转移的属性。在体育教学评价中贯彻客观性原则，需要以实际存在的资料为依据，坚持实事求是的态度，对体育教学取得的实际成果、教师的教学质量及学生的学习质量进行客观评价，不掺杂主观臆断和个人情感，否则，就会使体育教学评价失去原有意义，变成个人情感输出的工具，甚至做出错误的策略调整。要做到客观，可以从以下三个方面入手：

第一，态度客观。评价者要坚持公正的立场，客观地对被评价对象做出价值判断。

第二，方法客观。评价内容、方法与主体要多元化，多方面、多角度地收集资料，制定适合所有被评价者的方法。

第三，标准客观。尊重被评价者的个体化差异，制定客观标准，适应不同群体的实际。

(三) 全面性原则

全面性原则要求在进行体育教学评价时，把被评价对象作为一个有机统一整体看待，对其全面考查和描述，既要肯定取得成效的一面，又要看到存在的问题，多维度、综合性，面面俱到。因此，贯彻全面性原则，可以从以下三个方面入手：

第一，充分考虑各个评价对象。体育教学评价的对象既包括教师的教学质量，又包括学生的学习质量，以及双方在教学过程中的良性互动和结果，这些内容构成体育教学活动的过程。只有充分考虑各个评价对象，才能避免制定评价体系时陷入片面化的误区。

第二，兼顾主次矛盾。主要矛盾在体育教学过程中占据主导地位，对整个过程发展起决定作用，所以对主要矛盾的重点关注十分必要，也不能忽视影响体育教学的其他因素。

第三，有机结合定性评价和定量评价。只有把二者有机结合，使之相辅相成，才能全面评价体育教学成果。

二、高校体育教学评价的标准

(一) 评价标准的制定依据

第一，教学评价标准的制定要考虑社会对体育教学的要求。体育教学是社会发展的产物，按照当今社会的发展需求，体育教学的核心功能就是培养身心健康的、全面发展的人才，并以此推动社会的发展与文明。因此必须深入研究和学习，才能正确把握制定体育教学评价的标准。

第二，教学评价标准的制订要以教育学科的相关知识为基础。一切体育教学活动包括体育教学的评价都要以教育学科的理论知识为指导，这主要是由于教育学科的本质作用是揭示教育教学规律性。体育教学评价作为重要的教学活动之一，也需要相关的理论知识作为支撑。比如，如果体育教师不能很好地把握体育教学的本质目标和特征，不能深刻理解体育教学的基本原则和一般规律，不能掌握丰富的体育教学方法的理论知识，根本无法制定科学合理的体育教学评价标准，更不用说指导对体育教学实践产生良好的促进作用了。

第三，教学评价标准的制定要考虑被评价对象的状态和水平。教学评价本身并不是目的，而是为了实现教学目标的一种手段。通过评价，找出体育教学中的问题，并提出解决的方案，从而可以对体育教学活动进行不断优化。因此体育教学评价的标准一定要契合被评价对象的整体水平，评价的标准过高，被评价者会由于无法达到目标而丧失信心；评价标准过低容易使被评价者高估自身的能力，而沾沾自喜、停滞不前。

（二）评价标准的制定类型

1. 相对标准与绝对标准

相对标准是指由于评价的目的不同，评价对象在个性特征和素质水平上也存在一定的差异性而建立的、具有一定的灵活性的评价标准。根据该标准的评价结果可以基本判定个体在集体中所在的位置。例如，选拔性考试的分数线，评选先进的条件和标准等都是相对标准的具体体现。

绝对标准是指立足于大的方向和角度而建立的评价标准，它不会由于某个人或某个群体的特殊性而发生改变，只会随着体育教学总目标、总要求的改变而改变。其评价对象是面对所有的教师或学生群体，也就是说绝对标准在某些固定的范围内具有普遍性、无条件适用性，不因为某个人的特殊情况而发生改变。依照此评价标准，要判断体育教学是否达到教学的目标，直接就可以得到一个非常清晰明确的答案。

2. 定量标准与定性标准

定量标准是指对各种规范和要求都做了规范化、数量化的标准，具体而言就是说体育教学评价体系对于各项要求都有具体的数量上的，或者精细化的评价标准。在体育教学评价中利用定量标准有助于提高评价结果的精准性。

定性标准主要是以优劣、好坏等泛化描述来对体育教学的目标达成程度以及教学中体现出来的行为特征进行评价的评价标准。该评价一般较为简便，常用评语描述或者用符号表示。

3. 主观标准与客观标准

主观标准是指标准制定者以评价内容的客观要求为主要依据，凭借自身的经验，按照自己对评价对象的理解和认识而制定的评价标准。该评价标准带有强烈的主观的情感意识和个人的偏好，在对其进行确定的时候需要经过集体讨论、反复论证和最后的修订，才能够最终得以实施应用，否则容易跑偏而有失公平性。比如在体育竞赛中技术动作的评分标准就属于典型的主观性标准。

客观标准是指在把握了体育教学发展的一般规律以及评价对象的普遍性、关键性特征的基础上而制定的评价标准，这种标准不会由于个人经验不同而发生改变和歧义，例如教育考试一般将 60 分作为及格标准，这就属于客观标准。

以上各种教学评价标准的概念相对独立，但这并不是说他们之间没有联系，是完全割裂的，相反他们具有内在的关联性，可以相互包含，相互渗透。如考试的满分设为 100 分，这是一个常规意义上的评价标准，它既是定量标准也是绝对标准，同时还是一种客观性标准，所以说这几种划分方式之间是可以互通的，并没有绝对的界限。

三、高校体育教学评价的改革

对于体育教师来说，体育教学评价标准会影响其教学内容，若要完善体育教学评价，需要进行全面改革，改革的具体内容主要包括以下四个方面：

（一）改进评价体制，实施多方位评价

传统教学中，学生评价教师时处于被动地位，多数情况下，学生的评价权利会被忽视，而教师处于主导地位。因此，多数情况下，评价成为教师的"专利"。在教学中改革评价体制，首先，教师需要在教学中对学生的身体素质进行了解，以综合素质、运动能力以及学生在学习和锻炼中的表现作为评价依据。具有针对性的评价，往往往更加容易调动学生积极性。其次，因为"水平目标"的设立，不同教学阶段的教学任务有所变化，教师需要改变体育教学内容的选择，体育教学的方式以及方法都要朝着多样化发展。最后，教师要在体育教学中依据学生的运动技能、参与项目、心理健康、社会适应、身体健康五个方面设立评价内容，多方位、全面地对学生进行评价，从而保证评价内容的客观性和科学性。

（二）组建学习小组，增强学生协作能力

组建学习小组，并以学习小组为单位进行评价。该方法在很多情况下都被使用过，其中较多地应用在队列、队形练习，小组排球，篮球比赛，早操及课间操，各种距离的接力赛跑中，能够更好地促进小组成员的合作能力。建立评价小组，主要目的在于促进学生提高社会适应能力。因为小组内学生成绩具有统一性，某一个学生的学习表现是否良好，影响整个小组学生的学习情况，如此一来，小组内其他学生会主动监督不自觉的成员，大家互相监督，健康积极的班级学习氛围就会愈加浓烈，对提高学生学习积极性、协作能力具有非常大的帮助。

（三）评价学生的标准由单一变为综合

在体育教学中，部分学生先天条件优秀，不用积极锻炼也会在体育测试中获得良好的成绩，而一些学生因为先天不足、自身条件不高的限制，即使在体育课堂上非常积极地锻炼，在体育测试中也难以取得理想成绩，如此一来，会对先天条件较差的学生心理产生一定影响。因此，体育教学评价学生的标准需要由以往单一的以锻炼为标准转变为以综合能力为标准。体育成绩中，单一的评价并不全面，也不科学，还应该对学生进行综合考量，正确的方法便是依据课程改革，按照最新颁布的《国家学生体质健康标准》对学生进行考核，如此能够兼顾体弱的学生，让其在体育运动中有参考标准，也能够让先天条件优越的学生朝着标准继续努力，可谓一举两得。

（四）综合运用过程评价与结果评价

在早期的体育教学评价过程中，仅仅重视学生学习结果的评价，重点关注学生的运动成绩，而忽略学生学习过程中的行为表现，从而导致教师和学生一味地追求最终的学习成果，感受不到体育运动带来的乐趣，学生的学习动力没有被激发出来，体育教学效果自然也无法突显出来。因此，要打破传统的体育教学评价模式，综合运用多种不同的评价方式，对体育教学活动进行全方面、多元化评价，同时将评价结果及时反馈给学生，让学生寻找自身存在的缺点并加以改正，有利于学生正确、客观地认识自己的学习情况。

过程评价指在教学过程中直接评价学生的"练习过程"，运用这种评价方式，除了可以提高学生的积极性之外，还起到一定的监督和激励作用。对于先天条件较差但努力练习的学生，过程评价可以提高他们的自信心，激励他们积极参与体育活动；对于先天条件优

秀但缺乏积极性的学生，可起到监督和促进的作用。

第四节　高校体育教学中专业人才的培养

一、高校体育专业人才培养目标

（一）人才培养目标体系的构建

一个适当的培养目标一定是一个可以进行实践的培养目标，这不仅表现在合理的目标定位上，还表现在其明确、清晰的定位要求上。因此，为实现高校人才培养目标，构建一个系统化的、逐层分解的、具有可操作性的目标体系就显得十分必要。按照系统的观点，一切系统都是诸要素之间及其与外界环境之间相互协调构成的一定组织的整体，没有整体联系，就没有整体功能。因此，高校人才培养目标作为一个系统，它既受到所属系统及其外界环境的影响，又受到自身所存在的许多子系统的相互作用。所以，在研究高校人才培养目标体系的时候，需要从整体上用系统观点来建立完整的构建图景，从整体上考查高校人才培养目标体系中诸要素之间，与外界环境间相互协调的作用与方式。高校人才培养目标体系包括总目标、学校层面的人才培养目标、专业层面的人才培养目标这三个主要因素。

1. 人才培养的总目标

高等教育人才培养的总目标是以国家总的教育目的为基础，根据高校的特征制定的，是国家的教育方针、教育目的在高校活动开展中的具体体现，规定了高校的发展方向，体现其价值取向，指导着高校人才培养活动，以便实现教育目的。这一总的人才培养目标的制定与社会制度、历史背景、民族传统等有着直接的联系，由国家以法律形式规定，或以政策形式规定。总目标具有高度概括性、方向性和指导性，是高校制定人才培养目标和具体的教育活动的依据。

2. 高校层面的人才培养目标

高校层面的高校人才培养目标与教育目的相比，是相对具体的。各类高校结合自己的性质、任务以及特点，制定学校的培养目标。由于高校教育特定的职业性和为地方经济服务的特点，就使各类高校在制定人才培养目标时，必须反映本地区经济和社会发展对人才培养的要求，不但要考虑达到所规定的目标的必要性，还要考虑到所规定的目标的可行性。

学历证书与资格证书并重是形成高等教育特色和提升学生就业竞争力的重要措施，也是国家规范、净化劳动力市场，增强企业和国家竞争力的重要途径。

而分科依据不同科类而言，不同科类以为不同工作领域或行业培养专门人才为目的，由于学科性质与服务面向不同，都各有其特殊的培养目标。

3. 专业层面的人才培养目标

专业人才培养目标既是分层培养目标的下位目标，也是分类培养目标的下位目标，是高校人才培养体系中的基层目标，是根据国家教育方针和教育目标，以正确的教育思想和观念为指导，根据学校定位、专业的学科性、社会需求等来确定。专业是人才培养的业务范围，是根据学科分类和社会职业分工的需要，高等院校里分门别类进行思想政治教育、相关学科专门人才培养的基本单位。专业人才培养目标是指在一定的修业年限内，通过学校组织的各种教育与教学活动，对毕业生在德、智、体诸方面以及知识、能力、素质的规格与质量所提出的应当达到的标准。因高校是以某一职业岗位为依据，职业定向到具体的岗位，因此专业培养目标其实是针对职业而言的。高校要发展就要有不同于普通高等教育的特色，而有特色的高校，就在于有几个深具自身办学特色的专业。

（二）人才培养规格的目标分析

随着高等学校招生规模的不断扩大及高等教育入学率的显著提升，我国的高等教育呈现稳步发展的态势，突出表现在：我国高等教育步入了数量和规模扩张的黄金时期，很快实现了由"精英化"向"大众化"的转变。然而，我国经济的飞速发展，需要高等教育培养更多的能够满足社会多样化需求的通用型人才。同时，国民接受高等教育的需求日益旺盛，这些都对高等教育提出了新的挑战。当前我国高等教育发展状况下，体育教育专业的学生作为一名未来的建设者和接班人，既要有足够精深的专业知识，使学生的学科视野更开阔、学术氛围更浓厚；又要有足够强的文化陶冶，使学生的人文素质及思想水平更高、文化底蕴及人格内涵更深厚；最终使学生的个性及特长得到充分发展。因此，体育教育专业的学生各方面能力还需要强化。

首先，专业知识与能力。高等教育发展下对体育教育专业人才培养，依然要求学生具有能胜任学校体育教育、教学、训练和竞赛工作的能力，也即作为体育教育专业的学生，最基本的能力就是怎样做一名合格的体育教师，然而仅有这些已经满足不了市场对体育人才的需求。其次，综合素质。"人文素质"和"合作交流能力"均占主体地位。再次，"实践能力"和"创新精神"。其中"专业知识与技能"所占比重更大。体育教育专业的基本知识和技能是基础，是重中之重。只有在扎实地掌握了基本知识和技能的基础上，才能去更好地培养学生的综合素质，充分发展学生的个性等；只有培养出这样的人才，才有可能满足社会多样化的需求。

此外，人才培养目标与人才培养规格是两个不同的概念，但又有一定的联系。前者是人才培养的总方向和总原则，后者是前者的具体化。高校人才培养规格表明了人才培养在理论和实践能力等方面应达到的水平和标准，是组织教学的客观依据，是社会相应职业岗位对劳动者在知识、能力、素质等方面的具体要求。不管是制定培养目标，还是确立培养规格，两者都是面向我国经济发展的实际，在深入市场、深入行业，明晰社会职业岗位需求和理清职业岗位特征的基础上确定的。高校人才培养规格由人才的职业定向规定，是把人才培养目标对知识、能力、素质的概括描述，分解为若干细化知识、能力和素质，说明要达到的基本要求。

1. 知识结构

传授知识是各类教育首要的基本的职责和任务，不同类型的教育培养出来的人才的知识结构不同。知识结构是各类人才的内核因子，对于高校学生而言，他们的知识结构主要有基础理论、专业理论和专业技术知识。那么，协调基础理论、专业理论和专业技术这三类知识的逻辑关系和比重，是优化技术性人才培养过程的一个关键问题。高等教育培养的是高级技术应用型人才，它是一种面向职业岗位的专业教育，而不是通才教育。这就要求学校必须以"必需""够用"和"管用"的原则来构建学生的基础理论知识和专业知识，即这部分知识应满足学生即将参加工作岗位的实际需要，又能支撑他们将来可持续发展的需要，保证其一定的知识基础、结构弹性，体现出针对性和适应性的特点，而并非一味地追求知识的系统性、完整性、深厚性。

2. 能力结构

能力是个心理学的概念，是指人顺利地完成某种活动所必须具备的那些心理特征。现代科技日新月异，知识呈现出几何级数递增的特点，导致社会生产方式、生活方式发生极大的改变。我国任何类型的教育都应摆脱"应试教育"的理念。对于人才培养针对性强的高校来说，更应注意这一点。

高校学生的能力结构，可分为独立获取知识的能力、灵活运用知识的能力和创新能力三大块。

独立获取知识的能力在某种程度上可理解为学习能力。在知识如滚雪球、技术更新加快的今天，从学校获得的知识极有限，学校教育已不是"终结教育"。只有具备学习基础和学习能力，并自觉地不断更新自己的知识与技能，才能满足时代发展的要求。

运用知识的能力，主要指人在社会实践活动中运用所学到的知识去发现问题、分析问题、解决问题的能力，尤其是解决"其他情景"中的问题的能力。对于高校学生来说，运用知识能力可分为履行职业岗位职责的职业能力、在职业岗位及其内涵不断变化中求得生存、发展的迁移能力和社会交往、协调、合作的社会能力。

创新能力，高校培养的应用型人才不能简单地理解为执行性人才，在当今社会，企业竞争日趋激励，它又集中表现在企业技术激烈的竞争上，所有具有创新精神和创新能力的技术性人才才是企业生存、发展的顶梁柱，创新精神和创新能力更是高校人才培养的重要任务。

3. 素质结构

素质有先天素质与后天素质之分，这里所指的素质是指后天素质，是一个人在先天素质的基础上，经过后天的教育和社会环境的影响、培养、发展而逐渐形成的已内化于身的相对稳定的基本品质。职业教育是就业教育，从这一意义上说，学生就业能力的强弱在很大程度上取决于他们的职业能力，但这又容易把人们引入一个误区，即认为高校只需传授能保证学生毕业后立刻进入角色，上岗工作，为企业带来即时利益的知识和技能就行。这类办学者的思维是：学生能马上顶岗工作，就更会得到企业的欢迎，学校的就业率就自然能得到提高。其实，这是目光短浅的表现，他们犯下了一个致命的错误，这就是没有真正理解到人的本质，把人和机器或者一般动物画上了等号。人是一切社会关系的总和，人不能脱离其他人而独自存在。

在科学技术不断分化的今天，人与人之间的交往、合作等显得愈来愈重要。除了知识、能力外，一个人的素质在人的一生发展中扮演着重要的角色。对于高校学生来说，职业能力是他们就业竞争的主要砝码，但他们今后发展得如何主要看他们的素质。高校学生的素质结构根据培养目标特点可以分为职业素质、人文素质、身心素质。职业素质包括思想品德与职业道德、安全与质量意识、竞争与创新意识以及团队精神等；身心素质是指身体素质和心理素质。

高校人才培养中要求学生具备一定的总体素质，即促进人的"自我实现"，全面发展，提高人的总体素质为主要目标。理想的总体素质的培养，以理想、思想、品德和情操为基本框架，也同样是人的全面素质中的灵魂。

二、高校人才培养模式及其特点

（一）高校人才培养模式的界定

人才培养模式是高等教育领域的基本问题，有人才培养，就有人才培养的模式。20 世纪 90 年代以来，随着理论研究的不断深入，相关的研究随之增多，在此过程中形成了以下较为典型的界定：

第一，结构论。人才培养模式是以一定的教育思想或理论为基础建立起来的完整模型。这种模型可以为教育工作者在教育过程中提供实际操作的范式。它是集中人才培养的目的性、计划性、过程性和保障性于一体的一整套的体系，是教育理论作用于教育实践的桥梁。

第二，过程论。人才培养模式是指在一定的教育理论或思想的指导下，按照特定的培养目标，以相对系统的教学内容、课程设置、管理体系和评估制度，实施人才培养过程的综合，即人才培养模式是人才培养目标、培养规格和基本培养方式。

第三，结合论。人才培养模式是指为实现培养目标（含培养规格）而采取的培养过程的某种标准构造样式和运行方式。这种理论认为人才培养模式既不能局限在教育过程中，也不能限制在教育结构中。它是过程与结构的统一，即教育当中动态与静态的统一。

综合以上观点可以看出，尽管它们在含义上有一些相同点，即基本上都是指教育思想和理论指导下的一种关于人才培养的方式。推及高等院校人才培养模式，应该是指在市场竞争的大环境下，高等院校为了提高自身竞争优势、实现毕业生有效就业的目标而建立的由明确的培养目标、高质量的培养规格、实时更新的课程体系以及科学的管理制度、评价方式等构成的一种育人模式。其内涵包括：①有一定的教育思想指导，教育思想是人才培养活动的基础，起着指导作用，社会科学领域所研究的"模式"针对的是社会人，而社会人具有主观能动性和目的性，不同的教育思想反映不同的价值观；②人才培养活动具有整体性和系统性两大特点，人才培养模式作为人才培养活动的外延应当包含目的性要素和技术性要素两大方面。

（二）高校人才培养模式的构成要素

人才培养模式的构成要素主要涉及四个层次：①培养什么人，表现在价值层面的培养目标以及培养规格，属于目的要素；②用什么培养人，表现为培养制度和培养内容，属于内容要素；③怎样培养人，表现为行为层面的教育方法，属于方法要素；④培养的人怎么样，表现为结果层面的质量评价体系，属于评价要素。

1. 目的要素

培养目标是人才培养模式的核心要素，它包括知识培养目标、能力培养目标以及素质培养目标，它们分别决定了学生的知识结构、能力结构和素质结构，是一切教育活动的出发点和归宿。而培养规格是基于培养目标而进一步规定的人才培养层次、服务方向等。

2. 内容要素

内容要素主要体现在培养制度和培养过程上。其中，培养制度是保障人才培养活动能够顺利进行的前提，它直接影响着人才培养活动的进行。培养过程是指实施人才培养活动的全过程，它涵盖了所有培养活动的具体环节，是人才培养模式的关键，过程的成功与否直接决定着培养目标能否实现。

3. 方法要素

培养方法是为了能够顺利实现培养目标而采取的方式和手段，目的是使学生真正掌握应当具备的知识、能力和素质，培养方法是多元的，它包括教师教学的手段、学生学习的方法以及考核方式等。

4. 评价要素

评价体系主要对实施教育的过程和结果进行考核和测评，是检验人才培养质量的评价尺度，包括人才培养内容、评级标准和评价方法等。

（三）高校人才培养模式的特点

高校的人才培养目标是在服务区域经济建设和发展基础上培养适应相关行业（企业）需求的技能型人才，这些人才能够为相关行业的生产、管理和建设服务，他们在人才类型上不同于普通高等教育，在人才层次上不同于中等职业教育。高校人才培养模式在其发展的过程中具有自身的特点。

第一，系统性。培养模式是一个系统，高校的人才培养模式是由培养目标、课程体系、教学方法、教学手段以及管理制度等诸要素组成的有机整体，从整体上勾画出了人才形成的规格，包括知识、能力和素质在内的网络体系。各个子系统之间的相互作用与影响，直接决定了人才培养模式的运行结果。

第二，中介性。高校人才培养模式是以某种教育思想、教育理论为依据，然后将其转变为供高校教育工作者在人才培养活动中借以操作的既简约而又完整的范式。因此，高等校人才培养模式具有中介性。

第三，动态性。高校人才培养模式要适应经济和科技发展的快速性以及人才市场需求的多变性。因此，高校人才培养模式必须具有动态化的特点，能够不断变革、调整与发展，随着时代的发展而充实新的内容，但是在一定的时期内，又应该是相对稳定的。

第四，多样性。多样性是我国社会经济现状及其发展的必然要求，高校人才培养模式具有多样性，是我国高等教育内在规律和自身发展不平衡的必然结果。同时，高等教育走向大众化也是人才培养多样化的动因。

三、高校体育专业人才培养的教材建设

把握体育教育专业教材改革发展的趋向，能够更好地明确教材改革与建设的思路。当前，体育教育专业教材改革发展趋向主要表现在以下三个方面：

（一）多元化方向发展

体育教育专业的教材改革，先表现在契合现代社会发展需要而朝着多元化方向发展，即教材由原来的基本教材（学生用书）建设逐渐发展为基本教材、参考教材（教师、学生）、试题（卷）库等相配套的建设；由原来的文字教材建设逐渐发展为文字教材、电子教材、网络课件等相配套的建设。注重字、像、声、图并茂，达到组合优化，进一步提高教材的全面功能以及可读性、可看性和参考性等，从而促进教材的全方位服务，充分发挥教材多元化的教育功能。

（二）创建新学科教材

为了人才培养和组织教学的需要，为了及时介绍、推广多学科知识经渗透、交叉、融合而成的新知识以及新知识在体育教育领域中的运用，有关专家、学者勇于探索，大量开拓原始性创新，努力创建各种体育新学科和创编各种体育新学科的教材，供学生学习与参考，开阔新知识视野，这也是教材改革建设一个重要的发展方向。

21世纪信息发展非常之快，信息淘汰与更新的周期大大缩短，大量新信息的产生，积极地促进着人的思想观念、思维模式、知识结构、能力结构乃至精神与人格诸方面的变化，由此使人的综合素质与能力不断得到提高。同时，体育教育专业各学科知识的综合性大大得到了加强，并与其他学科知识相互渗透、交叉、融通，在实践中各种知识的碰撞，

会产生许多新的体育现象，亟须运用体育理论知识加以解释与指导。

（三）体育人文社会科学方向发展

体育人文社会学科知识的教育占有重要位置，如学校体育管理和社会体育指导等，必须培养学生掌握一定的体育人文社会学科知识才能胜任今后的工作。鉴于此，大量的人文社会科学知识会不断被借鉴、移植、渗透和运用到体育教育中来，从而促进体育人文社会学科的建设与发展，并创建体育人文社会学类的新学科和创编相关的教材，为达成培养目标服务。人文社会学科的研究主要涉及"人—社会"方面，而体育学科的研究则主要与"体育—人—社会"有关，其知识底蕴容易相通，相互之间易渗透、交叉和融合，创建出各种体育人文社会学类新学科。

因此，体育学科与人文社会学科之间不存在一条宽阔的"壕沟"，仅仅是一个"门槛"而已，只要努力学习、深入研究就可以使其为体育所用。随着社会体育事业的快速发展，对社会体育指导工作的要求越来越高，只有掌握大量的科学理论知识才能更好地指导实践，促进社会体育事业蓬勃发展。因此，体育教育专业教材改革与建设，会快速地朝体育人文社会科学方向发展，架起社会体育理论与实践的桥梁。

第四章　高校体育教学资源与组织管理

第一节　高校体育教学中人力资源的管理

体育人力资源规划，也称体育人力资源计划，是体育人力资源开发与管理过程的初始环节，是体育人力资源开发与管理各项活动的起点和依据。搞好人力资源的规划，对于搞好人力资源整体开发与管理，取得人力资源效益和组织的多种效益，都具有重要作用。

体育人力资源规划有广义和狭义之分。

广义的体育人力资源规划是指为了达到体育的目标，满足未来一段时间内对体育人力资源的需求，而做出的引进、保持、提高、流出体育人力资源的预测及相关事项。

狭义的体育人力资源规划是指体育组织从自身的发展目标出发，根据内外部环境的变化，预测未来发展对体育人力资源的需求，以及提供相应体育人力资源的活动。简单地说，狭义的体育人力资源规划是指体育人力资源供需预测，并使之平衡的过程。实际上，我们可以把它看作组织对于各类人员需求的补充规划，即对人力资源未来需求和内部供给预测后，再进行外部补充的规划。

一、高校体育人力资源规划的内容

一份完整的体育人力资源规划应包括体育人力资源补充计划、招聘选拔计划、使用计划、接替与提升（降职）计划、教育培训计划、评估与激励计划、体育人力资源问题及其处理计划、退役（退休）解聘计划等体育人力资源开发与管理的各个领域。

体育人力资源规划的制订首先要依赖体育的目标，这主要因为体育人力资源规划的主要任务是为了达到体育的目标。其次体育人力资源规划的制订要依赖体育工作分析和体育绩效评估。这主要因为体育工作分析明确了工作的各种信息，包括职位的职责、任务、权限、工作条件、社会环境、任职者的基本要求等；体育绩效评估明确了绩效情况、体育人力资源的使用现状等。这些信息对做出正确的体育人力资源需求预测至关重要。

在体育人力资源规划中体育人力资源补充计划主要包括补充人员标准（类型、数量、质量等）、补充人员的来源（内部，还是外部）、补充人员的待遇等。

招聘选拔计划主要包括招聘、选拔人员的确定与培训计划，招聘选拔的程序、渠道、方法、费用等。

接替与提升（降职）计划主要包括人员提升标准、资格、试用期、提升比例和未提升人员安置等。

教育培训计划主要包括培训目标、内容、地点、师资、受训人员的数量、培训形式、评估等。

评估与激励计划主要包括绩效指标的确立、绩效评估方法、绩效评估结果的运用、绩效评估的组织与实施办法、激励政策与方案的制订等。

人员问题及处理计划主要包括保险、救济、社会福利、优抚、互助政策的制定，劳动条件与环境的改善等。

退役（退休）解聘计划主要包括退役（退休）安置的政策、方法、解聘程序等。

二、高校体育人力资源规划的类别

（一）根据时间跨度划分

第一，长期规划。长期规划一般指 5~10 年及 10 年以上的规划，是对体育人力资源总的发展方向、长远目标、发展水平、规模、总的原则和方针政策等的概括说明，是指导性的，它指导中、短期规划的制订和实施，又靠中、短期规划的实施来实现。

第二，中期规划。中期规划一般指 1~5 年内的规划。它来自长期规划，与长期规划的内容基本一致，但更为详细和具体，具有衔接长期规划和短期规划的作用。

第三，短期规划。短期规划又称短期计划，一般指 1 年或 1 年内的规划。其这种规划要求明确，任务具体，措施明确。这种规划在执行中选择的范围很小，有效地执行规划成为最重要的内容。长期和中期规划的实现，最终取决于短期计划的落实。

（二）根据用途划分

第一，战略性规划。战略性规划主要是涉及对体育组织外部因素进行分析，预计未来体育组织总需求中体育人力资源的需求，估计远期的体育组织内部人力资源数量，调整体育人力资源规划。重点在于分析问题。

第二，策略性规划。策略性规划主要涉及对体育人力资源需求与供给量的预测，制订具体的行动方案，包括体育人力资源的数量、体育人力资源的结构，可供给所需体育人力资源的净需求。

第三，作业性规划。作业性规划主要涉及一系列的具体操作实务，包括招聘、提升与调动、培训与发展，劳工关系、工资与福利等，其要求任务具体明确，措施落实。

三、高校体育人力资源规划的阶段

体育人力资源规划的制订分为五个阶段八个步骤。五个阶段是指：调查分析阶段、预测阶段、制订规划阶段、规划实施阶段、规划评估与反馈阶段。八个步骤是指：确定体育目标、收集信息、体育人力资源需求预测、体育人力资源供给预测、制订体育人力资源规划、实施体育人力资源规划、体育人力资源规划的实施评估、体育人力资源规划实施评估的信息反馈。

（一）调查分析阶段

调查分析阶段主要包括确立目标和收集信息两个方面的内容。

1. 确立目标

确立目标是体育人力资源规划的第一步。确立正确的体育奋斗目标，对于制订体育人力资源规划至关重要。一旦目标制定错了，以下的各步再好也没用。因为这是一个大前提问题。体育目标的制定需在对外部环境、内部环境、体育发展战略、现有及未来体育人力资源状况初步分析的基础上做出。制定的体育奋斗目标应是具体的、准确界定的，是可度量的、可评价的，是经过付出努力的情况下在适度的时限内可以实现的。

2. 收集信息

调查分析阶段的第二步是有关信息的收集。这一步要根据已确立的目标，广泛收集制订体育人力资源规划所需的各种信息资料，以便为后续阶段工作做好准备。收集的信息可分为以下两类：

（1）外部信息，包括体育发展趋势，主要竞争对手的现状及发展趋势，体育人力资源市场的结构，体育人力资源市场供给与需要的现状，体育人力资源教育、培养、培训政策法规与工作开展情况等。

（2）内部信息，包括体育发展计划，现有体育人力资源的能力与潜力，后备体育人力资源的培育情况，体育人力资源的结构，体育人力资源的流动情况，运动项目的发展演变情况等。

（二）预测阶段

预测阶段是体育人力资源规划中较具技术性的关键部分，是在所搜集的体育人力资源信息的基础上，采用主观经验判断和各种统计方法及预测模型，对体育人力资源供求做出预测。其目的是得出计划期各类体育人力资源的余缺情况，即得到"净需求"的数据。其包括体育人力资源需求预测和体育人力资源供给预测。

（三）制订规划阶段

制订规划阶段是体育人力资源规划中比较具体细致的工作部分。在确立目标、收集信息和体育人力资源供求预测的基础上，就可以制订出具体的体育人力资源规划。典型的体育人力资源规划包括规划的时间段、目标、情景分析、具体内容、制订者、制订时间。

规划的时间段：即从何时开始，至何时结束。

规划达到的目标：具体、不空泛，且简明扼要，最好有具体数据。

目前情景分析：主要分析目前体育人力资源的供求状况，指出制订该规划的依据。

未来情景分析：主要分析在规划的时间段内，预测未来的体育人力资源供求状况，进一步指出制订规划的依据。

具体内容：这是体育人力资源规划的核心，涉及的方面较多。例如：招聘方案，促进人员流动方案，改进后的报酬系统，新的体育人力资源绩效评估系统，规划中的培训工作，等等。每一方面的都要写上具体内容、执行时间、负责人、检查人、检查日期、预算。

规划制订者：可以是一个人，也可以是一个群体，还可以是个人与群体。

此外，在制订规划时须注意各子计划的相互关联和协调，在全面和统筹考虑的基础上制订体育人力资源规划。

（四）规划实施阶段

在规划实施前要做好准备工作，在实施过程中要全力以赴和不折不扣地按规划执行。

（五）规划评估与反馈阶段

规划评估与反馈阶段是体育人力资源规划的最后一个阶段。通过这一阶段的工作，可以知道体育人力资源规划的执行情况，体育人力资源规划正确与否，体育人力资源规划还存在哪些缺陷，哪些需要引起注意，等等。这对避免体育人力资源规划流于形式与走样、减小损失和保证目标的顺利实现意义重大。

评估前评估者要根据规划列出需要评估的指标和具体内容，如实际招聘人数与预测需求人数的比较，实际的人力资源流动情况与预测的流动情况的比较，实际的执行方案与规划的行动方案比较，实际结果与预测结果比较，行动方案的收益成本比较，等等，并客观公正地逐条认真检查。评估可采取自评和上级评估相结合的形式。

评估完成后要及时将评估结果进行反馈。反馈可由实施者进行，也可以由检查者进行，也可以由两者共同进行。评估后的结果不仅要反馈给规划制订者和管理者，也要反馈给执行者，以便决策者根据反馈信息及时修正原规划中的一些项目，同时也有利于执行者及时改进工作。

四、高校体育人力资源管理战略

第一，完善体育教育体系。强化高校培养体育人才的主体地位。进一步完善发展规划，适度扩大招生规模，着力打造特色专业，注重规模、结构、质量和效益协调发展，努力提高师资综合素质。积极引导其他高校体育专业教育的合理布局并建设各类体育相关专业。

第二，强化继续教育和培训。制订各类体育人才培训计划，多层次、多渠道地广泛开展人才培训。加强优秀运动员的素质教育和职业教育，提高退役运动员的就业竞争力。重视教练员的在职业务培训，提高他们的整体素质和执教能力。通过公开报名、公平竞争、择优选拔的方式，每年选送一批特别优秀的中青年人才出国（境）培训或进修。

第三，营造浓厚的学术氛围。增强科技人才的服务意识，加大体育科研成果的推广应用。培养体育人才的科技意识，鼓励体育人才独立承担或参与各级各类科研课题的研究。建立体育课题结题报告会制度，促进体育人才的学术交流。鼓励体育人才参加国内学术会议，支持高层次体育人才参与国际学术研讨。提高科技人员的地位和待遇，形成尊重知识、尊重人才的良好氛围。

第四，拓宽人才实践锻炼的渠道。加快人才使用的年轻化步伐。积极推行竞争上岗、双向选择和职务聘任制度，设置单位、部门领导的助理岗位，支持年轻教练员独立带队伍，鼓励年轻体育人才独立承担科研课题，形成有利于青年人才平等竞争、健康成长、脱颖而出的机制。增强体育人才的职业竞争意识和风险意识，激发终身学习的自觉性。积极创造条件，推进岗位交流，建立定期轮岗制度。选拔推荐年轻体育人才到上级部门或相关单位挂职学习，安排缺少基层工作经验的体育人才到基层和艰苦地方锻炼。

第五，明确引进人才工作的重点。制订高层次体育人才引进计划，加强对紧缺人才引进工作的预测和规划，及时发布人才需求信息，把人才引进作为经常性工作来抓。着眼于提高体育工作的科学化水平，突出引进一批在运动生物力学、运动医学、营养学、生理学、心理学和体育社会学、管理学等领域处于国内领先地位的体育科技创新人才和学术带头人。着眼于做大做强竞技体育运动项目，重点引进一批掌握训练竞赛规律、业务水平高、实践经验丰富的运动员、教练员。

第二节　高校体育教学中保障资源的管理

一、高校体育教学中的科研管理

（一）科研方法

体育科研有定性研究和定量研究。定性研究在对于事物质的研究方面一直有很大优势，但是，定性研究由于借助于自然语言表述，相对于用数学和图表表述的定量研究，显得有一定的模糊性和多义性，难以精确表达。因此，在体育科研中，运用定性研究方法的同时，配以一定比例的定量研究，有利于研究课题结论的科学、客观，可提高结论的可信度。任何体育科研课题都需要一种或一种以上适中的研究方法来完成课题的研究，采用什么方法决定了科研课题是否成功。所以，要熟悉一些进行体育科研最常用的研究方法。

第一，经验法。在高校体育科研中，经验法虽然只是起辅助作用，但它是体育科研的先行方法，在体育科研中占据了非常重要的位置，不可忽视。经验法本身不能作为科研论文的主要手段，必须借助于其他科研方法来印证经验感受的正误。但是，科研是一个把感性认识上升为理性认识的过程。感性认识在前，理性认识在后，这个因果关系就决定了感性认识在科研工作中的重要地位。所以，在体育教学中，要及时记录新的发现、新的感受、新的经验，为今后的科研提供探讨的线索和课题。

第二，调查法。调查法是研究者为了科研课题的需要，采用一定的调查手段，通过直接或间接地了解被研究的主体，获取第一手原始资料，经过筛选整理、研究分析、科学论证，获得研究成果的一种科研方法。这是一种快捷、简便、省时、省力、省钱而可靠的科研方法，在体育教学科研中被广泛地运用。该研究方法的具体操作有问卷调查、专家调查、专项调查与综合调查等。

第三，文献法。文献资料法是所有高校体育科研中广泛采用的方法之一，是科研中最常用、最基本的方法，它贯穿科研活动的全过程。文献资料通常是指前人的有文字记载的书籍、报纸、杂志、科研报告，以及与研究课题有关的图表、图片、摄影作品、摄像作品、电影作品等。通过查验与阅读这些文献资料，可以了解前人的研究过程与成果，了解目前科研课题的历史背景与科学依据，寻找解决研究课题的主攻方向、科研方法和研究课题的相关知识，为快速出成果提供可靠的科学依据。

第四，观察法。观察法是通过人的感觉器官和测量仪器，对特定的研究对象进行有目的、有计划的观察研究。观察法是人类认知世界最原始，也是最有效的研究法，是高校体育科研中常用的方法之一。人们可以运用直接和间接、普遍和典型、指定和抽样等方式对研究对象进行观察研究，获得的第一手资料，经过筛选、甄别、统计、归纳，得出正确的结论。

第五，实验法。实验法完全是在研究者的主观意识支配下进行的一项研究方法，是在经验法、文献资料法和观察法的基础上进一步做定性研究的最主要研究方法。在研究者的事先设计下，选择特定的研究科目、研究对象、研究环境，采用特定的仪器设备，对受试者进行客观的观察、测量，获得第一手资料，经过科学的统计分析方法，找出事物内在的关联和异同，检验研究者事先设计的教学方法、项目选择、环境因素等对从事体育活动的人的影响，研究出最佳的教学方法和锻炼手段。

（二）撰写论文

撰写论文是把研究的成果用论文或研究报告的形式向社会公布。论文的书写好坏，决定了论文的质量，体育教师应该熟悉论文的书写格式和规范要求。

第一，论文标题。论文标题一定要紧扣研究主题，准确反映论文的内容，突出与众不同的地方，不宜太长，如标题不能完全表达研究主题，可以写副标题补充。

第二，论文摘要。论文摘要是论文的缩影，需要言简意赅、高度概括，阅读摘要如见全文。

第三，论文关键词。每篇论文需要有 3~5 个关键词，方便他人检索和研究。

第四，研究目的与研究对象。研究的目的一定要明确，要开门见山地提出问题。研究的对象一定要准确，与研究的课题要有直接的关系。

第五，研究方法。研究的方法关系到论文的质量，研究方法的选用要满足研究课题的需要。书写时一定要准确表达出它的本来面貌，研究过程一定要清晰明了。

第六，实验测试结果。在定量研究的论文中，实验测试结果必不可少。实验测试结果是论文的重点，是研究的主要部分。书写实验测试结果一定要客观、真实。

第七，分析与讨论。分析与讨论是在实验测试结果的基础上进行的。它是表现研究者科研思想的部分，是研究者充分发挥自己才能的段落。研究者要充分发挥自己的学识水平对实验测试结果进行客观、坦诚的分析与讨论。

第八，结论与建议。结论部分是论文中最精彩的地方，它要求忠实于实验测试的结果，对研究成果进行最贴切的描述。而建议部分是发挥研究成果产生效益的地方，建议一定要准确和富有创新精神，是进行体育教学改革的依据，应该及时地向社会公布。

第九，参考文献。参考文献是高校体育科研工作者必须写进论文的部分，不可或缺。通过对参考文献的研究，让读者了解作者本人的指导思想和思维推理方式，对进一步理解论文的精神实质，起到很好的作用。

第十，在论文中产生论文。在一篇论文中往往包含了多个论点，在一篇论文发表之后，作者可以对论文中的各个论点再进一步深入研究，从中研究出新的成果，撰写出新的论文。这些论文是科研工作者沿着本人的研究方向，进行艰苦卓绝的探索的成果，是锲而不舍、勇往直前的钻研精神的体现，值得提倡和学习。

（三）发表论文

科研工作者的研究一旦有了成果，怎么向社会公布是科研工作者必须严肃对待的一件事，也是科研工作的一个非常重要的环节。

1. 论文发表的渠道

科研论文发表的渠道主要有报纸杂志、学报、论文报告会、收入论文集等多种形式。但选择的角度不同可以表现出不同的取向。

（1）从造成社会影响的角度讲，发表在公开出版的国家一级（核心）报纸杂志、学报和省级以上论文报告会大会宣读的形式为最好，其次是二级（非核心）刊物。

（2）从评定职称的角度讲，最佳方式是发表在国家一级报纸杂志、学报上，其次才是在其他报纸杂志、学报发表或在省级以上论文报告会上获奖，收入论文集。在报纸杂志和学报上发表都必须发表在正刊上，副刊和增刊都不行。

（3）从个人发展的角度讲，首先是要找到能发表自己论文的刊物，其次才是向更高一级发展，有了第一次就会有第二次，先树立信心，再图发展。

2. 论文发表的方法

一篇好的论文，为了产生最大的影响力，首先要敢于向国家一级刊物投稿，其次才是向其他刊物投稿。在投稿前，信息的收集非常重要。

（1）收集投稿地址、联系电话和电子邮箱。可以从报纸杂志、学报和网上查到这些信息，信息一定要准确，不可出错。

（2）收集各报纸杂志和学报预告的研究方向和征集文章类型。很多报纸杂志和学报都有自己的网站，会定期从报纸杂志本身和网站上向社会公布本刊物后几期的文章栏目，要及时从这些渠道查到有关信息，有针对性地投稿。

（3）投稿后的注意事项在向某刊物投稿后，要经常与所投刊物保持联系，看是否收到，能否出版等，对方一旦决定不采用，就得马上向其他刊物投稿。

二、高校体育教学中的安全管理

（一）安全制度保障体系

由于人为控制存在着十分明显的主观性，导致只有从制度方面入手才能够既公正又客观地对学生在进行体育锻炼时的安全进行保障。由于制度是确保校内体育安全的基础所在，我们可以从多个方面来有效地降低出现安全事故的可能。高校体育安全制度保障体系构建主要包括以下三方面内容：

1. 高校体育安全制度规定和实施

高校内部的体育管理人员作为实施安全制度的主要人员。校内体育安全管理制度的规定和实施一共具有两个方面：首先，相关管理者需要清楚每一名成员责任具体落实的情况；其次，校内安全管理制度中的内容设定也极其重要。校内安全管理制度的内容应该涵盖校内任何一名管理者，同时还应当详细地描述出什么环节由什么职位的人来负责。譬如，体育教师在教学过程中所应当担负的责任、采购体育器材的人员所应当担负的责任、校内体育竞赛过程中出现意外伤害事故时竞赛的负责人所应该承担的责任等。

2. 高校体育安全管理应急预案

在进行校内体育安全管理的过程中，我们可以通过构建出与自己高校相适应的安全管理应急预案，以便能够更好地处理突发高校体育安全事件。对此，我们可以从级别分类、组织管理、应急保障、运行机制、监督管理等方面着手。其中，级别分类指按照安全等级来进行分类；组织管理所明确当出现意外情况时进行救助的相关部门以及部门人员；应急保障指保证相应的资源足够应对紧急情况；运行机制指预警、预测、应急处理等；监督管理指对安全演练、奖罚制度等。

3. 高校体育课堂制度规定

在高校体育中体育课堂教学是极其重要的一个环节，因此，体育教师在开展体育课堂教学的过程中不仅要拥有着十分清晰的安全目标，还要制定相关的活动制度，以便对学生实施安全教育以及安全管理，真正地将体育课堂内部的安全管理工作落到实处。要想真正地完成体育课堂教学过程中的安全监督以及相关的管理工作，那么体育教师便需要在开展相关教学活动的过程中向学生传授相关的安全知识。

体育课堂内的规章制度面向体育教师以及学生，主要目的是为了能够使师生能够在一个既健康又安全的环境内展开教学。因此，我们需要出制定一些相关规定来有效地为体育课堂中的师生安全提供保障。不过，我们要清楚地认识到所制定的相关规定不该是模糊的，具体的内容应当涵盖教师的教学行为、课堂中学生的行为约束等。规定教师需要在开始上课前的 10 分钟内到达体育教室，以便能够在对课程内容进行安排的同时，有充足的时间能够对运动器材、运动设施进行检查，排查所有可能会存在的安全隐患。规定学生要按照要求来向教师准确地报告有可能会影响到自身安全的疾病，遵循所制定的相关课堂秩序、按时上课、发现存在安全隐患的问题时及时向体育教师进行汇报等。

(二) 安全组织保障体系

要想确保高校体育教学活动开展过程中学生的安全，其中一个重要环节便是责任制的构建，因为只有将具体的责任落实到个人身上，才能够充分地调动起管理者的工作积极性以及责任心。若是校内的体育安全保障体系没能拥有一个健全的责任制组织核心，那么在出现问题时，则根本无法寻找到相应的负责人，从而导致整个高校的管理体系呈现混乱，那么校内的体育安全组织系统便无法全面地展现出其所具有功效以及作用。

1. 明确管理小组及成员责任

明确管理小组及成员责任主要包括构建校内体育安全管理小组以及明确组内成员的不同责任分工。在构建小组时需要注意以下四个方面内容：

(1) 组织的要素。通常来讲，组织内应当具备成员之间的分工、联系、目标三个核心要素。因此，在构建领导小组的过程中，需要清楚地认识到领导小组的核心目标、组织内部成员的构成、组织成员的工作分工，以及清楚地划分出各个组织成员之间以及各个岗位之间的相互关系。

（2）组织设计时应当考虑一些影响因素。影响因素主要存在于组织规模、组织环境、组织目标三个方面，这三个方面的影响主要体现在：①组织规模的大小能够影响到组织结构的构成形式；②组织环境的稳定与否，能够对组织方案的设计产生影响；③组织目标的改变能够对组织内部产生影响。当从环境因素来进行分析时，可以发现上述影响主要体现在领导小组在进行结构设计时不仅要思考组织内部，还需要同时思考组织外界的具体情况。因此，在领导组织内部，需要选拔出拥有一定能力的人才来负责相应的工作。同时，在该过程中还需要遵循相关的法律法规。从领导组织外界来分析，在对组织结构进行设计还需要顾及校内的班级数量、校内班级的人数、体育活动的开展类型、体育活动的开展地点等。

（3）领导小组设计的程序。以管理学中的相关理论知识作为基础，我们可以得知，在进行组织设计时，一共分为五个步骤，即：确定使命、制订规划、组织设计、方案评价、确定方案。我国所有的高校在进行组织设计时，均可根据上述五个步骤来进行。首先，确定使命，领导小组的使命通常为确保学生能够正常进行体育活动的情况下保证全体师生的人身安全；其次，制订规划，制订规划的核心便是保证该小组能够顺利地达成最终目标；再次，组织设计，制订出多个选择方案；最后，通过对设计出的多个方案进行评价，从而选择出最为合适的最终方案。

（4）领导小组成员结构的设计。在每所高校中，都应运用更加符合自己风格的设计方法来进行组内成员的设计。对此，我们在设计领导小组的过程中可以将以下构成步骤当作参考。首先，纵向的成员结构是以所承担责任的高低来进行设计；其次，在实践层面上可以通过横向结构模式来进行设计；最后，需要通过交叉模式来确定组内成员之间的沟通交流。除此之外，对于校内体育器材、体育场地，也应当安排专业人员负责进行定期检查。因此，在成员的结构上，领导小组成员可以将责任划分为三个等级，即组长、副组长、小组成员。

2. 明确组织成员职责分工

这里所讲述的"职责"指的是小组领导以及小组成员所应当负责和承担的工作任务。当高校在校内成功组建安全管理小组之后，小组内的所有成员都应当认真负责属于自己的工作任务，为达成目标而努力。要想清楚地划分所有成员的具体职责，便需要从以下两方面着手：

（1）组内成员需要明白自己工作职责的重要性。倘若组内成员无法清楚地知晓自己该做什么，什么又不能做的，那么不仅无法明白什么才是自己的本职工作，也无法认识到自己的定位是什么。当有一名成员出现这种情况时，便十分容易在工作上出现失误，而导致工作失误的主要原因有两点，即：由于工作职责的不清晰，导致组内成员自己的工作积极性被伤害；组内成员丧失责任感，使组内成员过于顾及个人利益而忽视集体利益。由此可见，组内成员个人职责的认知在整个体育安全工作中的重要性。

（2）领导组织的职责分工尤为重要。通常来讲，高校中组织的构成形式普遍以"组长—副组长—组员—各分支—组员"为主。按照上述这种构成形式，领导组织中的成员职责也当划分为以下三个层次：

第一，组长的工作职责。组长的主要工作便是主持校园内所有与体育安全相关的工作任务，即向副组长进行工作任务的分配的同时，检查和监督副组长的工作情况，组织相关会议的召开，组织制定和实施与校内安全相关的管理制度等。

第二，副组长的工作职责。副组长的工作任务便是配合与协助组长的工作，无条件服从组长所下达的工作任务，认真地履行自己的工作义务等。

第三，各分支机构的职责。一方面，各分支机构中的负责人需要既认真又负责地完成由上级所交代下来的工作任务；另一方面，各分支机构也同样需要合理地向自己内部的工作人员分配工作任务。

（三）安全医疗保障体系

在开展体育教学活动的过程中，我们需要完善校内体育安全保障体系中的医疗工作，尽最大的能力来提升校内医疗人员的专业素养。对此，我们可以借助于定期组织开展相应的培训工作的方式，来有效提升校内医疗人员的专业素养。在对校内医疗人员进行技能水平考核时，不可直接定到最高，而是应当以校内医疗人员的基础水平，来逐步制定提升的标准，以此来逐步提升校内医疗人员的专业素养。

医疗保障体系的构建不仅能够有效地降低出现在高校体育中意外伤害事故的概率，还能够减少出现意外伤害事故时的损害。因为，体育本身就有一定的危害性，尤其是在进行体育训练和体育竞赛时，运动员所从事的项目类型具有一定的对抗性和高强度运动负荷，所以，十分容易出现危险并引发伤害事故，此时周边便需要拥有专业的医疗人员从中辅助，一旦训练或者比赛过程中出现意外事故，便立即实施救助。

基于此，高校在构建相应的医疗保障体系时，应当在两个方面着手：①提升相关医疗人员的专业素养。可以通过开展相应的培训，定期对医疗人员的技能水平进行考核，以及通过设置奖罚制度来提高医疗人员的工作积极性。②健全校内的医疗保障制度。譬如，构建应急医疗保障制度以及日常医疗保障制度等。

（四）安全教育保障体系

校内安全保障体系建设主要体现在以下两个方面：

1. 安全意识宣传工作

每一所高校都应当以提升学生在高校体育课堂内外的安全意识为前提，在开展安全教育的内容安排以及周期安排的过程中制定一系列的相关规定。安全教育的内容共分为体育教学、体育竞赛、课外体育活动、专业体育训练和大学生体质测评五个部分，而对于这五个部分，我们又可以将其进行更细致的划分，譬如，不同体育项目、不同体育动作所需要注意的安全知识等。而相比于内容安排，周期的安排会更简单一些。

2. 教师教授的体育安全意识知识技能

只要是参与到体育锻炼活动中的学生都应当拥有一定的安全防护知识，知晓什么是能做的，什么是不能做的。高校体育教育的主要职责便是学生的体育知识、体育技能以及安全防守意识，借助于体育教师的言传身教，解答学生的疑惑，只有这样才能够让学生认识到安全意识对于自己的重要性。

三、高校体育教学器材与经费管理

（一）高校体育器材管理

体育器材是体育课程教学经常使用的设备和教具，随时做到设施齐备、安全卫生、使用方便，这都需要通过有效的管理来实现。

1. 体育器材的配备原则

体育器材的配备需要遵循如下原则：

（1）满足体育课程教学的原则。保证体育课程教学的正常进行，是配备体育器材的首要条件。随着体育选项课的开设，学生可选的体育课程在逐渐增多，课堂教学、群体活动和业余训练对体育器材的种类和需求也逐渐多元化，但无论怎么变化，保证体育课程教学始终是第一位的。

（2）满足大型比赛的原则。体育的特点之一是竞赛多、规则多。无论什么体育竞赛，在竞赛规则上都有针对该项目器材的规定。所以，购买体育器材首要的是符合竞赛规则，而且为了承接大型比赛，体育器材的档次要相应地提高。

2. 体育器材的摆放规律

体育器材摆放的朝向应遵循体育活动的规律。一般情况下，室外体育器材应南北放置，使从事体育活动的人尽量避免面对太阳做动作。室外游泳的出发台和跳台应尽量由南向北，避免眼睛受太阳光的直射。

每一件体育器材的摆放，都要在周围留有足够的活动区域，以免造成不必要的伤害事故。

3. 体育器材的使用要点

（1）金属体育器材的管理。金属器材需要保养与维护以保证长期保持正常状态，随时可以使用。防锈是金属器材必不可少的工作环节。

金属活动器材收回后，第一项工作就是清洁和防锈处理。有很多体育器材一年中使用的次数不多，随意摆放，不做任何处理，下次使用就可能已经锈坏。如发令枪、高级跳高架、高级排球架、跨栏架、室内双杠等，使用后应及时做防锈处理，妥善保管。

金属固定器材，特别是室外金属固定器材，每两年要油漆一次，以保证金属器材不生锈，能长期使用。

（2）电气设备的管理。电器设备要有固定的地方存放，经常保持正常的状态，保证随时可以使用。

第一，防尘。电器不用时，要及时断电、入库或覆盖，以防止灰尘的侵入。

第二，防霉，防电路不畅。电子产品有个特点，长期闲置不用对电气设备极为不利。所以，对闲置的电气设备需要每个月通电。

第三，防腐蚀。电气设备应该放置在干燥、无污染的地方，防止腐蚀；带干电池的电气设备在不用时，必须及时拆卸干电池，以防电池穿孔漏液，腐蚀损坏电器。

（二）高校体育经费管理

高校体育经费管理是体育工作的基本组成部分，它关系到体育课程教学能否正常进行。学生上交的学费中，有一部分是用于体育知识的学习和开展体育活动，有多少经费用在体育课程教学上，怎样使用这些经费，充分发挥体育经费的作用，需要有效的管理。

高校体育经费管理分收支两方面。高校对学生进行体育课程教学的支出包括体育场馆器材的投入、师资教材的投入、教学管理的投入等。高校除使用一部分学费外，可以利用现有的体育资源创收，包括对外开放体育场馆，挖掘体育师资潜力等。除此之外，建立健全规范化的管理，减少资产的人为与意外损失，杜绝资源的闲置与浪费，开源节流，是高校体育经费管理必须考虑的。

高校一年体育经费开支不少，怎么使这些经费合理、高效地使用，是高校体育工作者必须认真对待的问题。以最少的投入换来最大的收益是经费管理的理念，人尽其才、物尽其用、钱尽其效是经费管理过程中应遵循的原则。同时，由于体育的特性，可以充分利用高校现有的体育资源，如体育场馆、体育器材、体育师资、优秀体育代表队、在校体育人口和周边地区体育人口等开设体育俱乐部，进行商业赞助、开馆办班、商业比赛、体育交流等多项经济开发活动，形成以体育为桥梁，需要为基础，爱好为导向的多种经营，供需结合，合作开发，互惠互利的新形势下市场经济管理模式，实现以馆养馆，提高高校体育场馆的使用率，增加收入，降低教学成本，将体育的经济效益和社会效益有机地结合起来，形成多赢局面。

高校体育场馆众多，一年用在水、电、器材添置和维护、场馆卫生和管理的费用要精打细算，加强管理，减少非自然消耗，增加经济效益。

1. 降低体育场馆的各种费用

降低消耗须从源头开始，大处着眼，小处着手，杜绝非自然损耗。

（1）降低体育场馆的水、电费用。在体育场馆中用水的地方很多，如洗漱用水、厕所用水、打扫卫生用水、其他用水等都需要计算成本。对水的管理最需要防止的是用水过量、长流水（无效用水）和水为他用等，所以，合理设置用水地点，采用节水器具，制定节水措施减少漏失，杜绝浪费，健全管理制度等硬件、软件都需要同步跟上。

体育场馆的灯光以够用为原则，要根据不同的需要使用不同的灯光照度。体育场馆的灯光需要合理分布与组合，分一般教学、训练、群体活动和对外竞赛、商业活动等各种情况使用体育场馆的灯光，不要没有区别地随意打开所有灯光设备。而且，要做到人走灯灭，拉闸限电，避免浪费。

体育场馆的电气设备也要根据需要的不同配备不同的组合。体育场馆的电器主要是满足一般教学、训练、比赛的需要，只需配备一般的电气设备。但也要有能满足大型比赛和其他如集会、文艺会演的需求配备的高档音响。使用者根据不同的需要启用不同的设备，以节约用电。

（2）降低体育场馆的卫生费用。体育场馆的卫生工作费用主要是卫生人员的合理配备和管理。体育场馆的卫生是一项长期而细致的工作，需要有人经常打扫，保持卫生状态。

卫生人员的配备要根据体育场馆的面积大小和使用频率、使用状态来决定，以够用为原则。为了减少卫生人员，降低成本，可以充分利用学生的资源，如下课后留少数学生打扫所活动区域的卫生，或把体育场馆作为公共卫生区划分给学生，或利用高校大扫除大面积打扫等方式等，定期不定期地维持体育场馆的卫生。

（3）降低体育场馆的维修费用。降低体育场馆的维修费用主要从细微处入手。及时维修是节约经费的关键，体育场馆管理人员要有高度的责任心，经常巡视检查体育场馆的各个角落和设备器材，发现问题及时解决。

（4）降低体育场馆的维护费用。体育场馆本身也有个维护的问题，如外部和内部的美观和时尚，特别是对外开放的体育场馆为了保持美好的环境和吸引力，需要有计划地进行粉饰与装修。可以利用局部维修时进行装修，可以利用体育场馆功能转换时进行装修。

2. 广开增收渠道，提高效益

（1）招商引资，合作经营。有的体育项目可以采用向社会招商引资的方式，联合开发，共同经营。除上课期间必须满足开课需要外，业余时间的收入按比例分成。

（2）经营体育俱乐部。以高校体育场馆为依托，发挥高校、体育教学部、体育教师和社会办体育的积极性，开办体育俱乐部，对外开放，是目前新形势下高校体育与社会体育接轨的一个新思路。在全民健身计划的倡导下，高校体育场馆设施除了服务校内体育活动外，高校周边的单位、团体和个人也需要借助高校的体育资源从事多种类型的体育锻炼。高校可以充分利用自己的体育资源，如体育场馆、体育器材、体育师资等优越条件，为广大的体育爱好者服务。

第三节　高校体育教学中师资队伍的管理

一、高校体育教师的基本职责

在体育教学中，体育教师是课堂的重要组成部分，是学校体育工作的具体执行者，直接关系到学校体育教学任务能否顺利完成。为此，体育教师的职责有以下方面：

第一，热爱本职工作，认真学习和钻研体育课程标准，搞好体育教学，严格评定学生的体育成绩，完成体育教学任务。在深入调查研究中，掌握学生和教学的实际情况，在钻研教学教法的基础上，认真备课，不断提高教学质量。

第二，充分利用体育课堂对学生进行思想教育和组织纪律教育，引导学生养成遵守纪律、听从指挥的良好品质。

第三，通过体育教学，向学生进行体育、卫生保健教育，增强学生的体质，促进学生的德、智、体、美全面发展，为提高健康素质奠定基础。

第四，规范体育教学常规，要首先以身作则，严于律己，做到仪表端庄，语言简练，口令清晰，示范动作及术语准确；讲普通话，教态稳重亲切；穿着得体，便于给学生做示范动作。

第五，认真上好每一节课。要提前 10 分钟到达操场，做好上课前体育器材、运动场地的安排布置工作，认真执行教学计划，不能随心所欲。教学活动中，体育教师的示范动作要做到准确、熟练、优美。

第六，根据授课的内容和任务，努力做到精讲多练，既要使学生通过体育锻炼增强体质，又要使学生掌握一定的运动技巧。要特别重视对学生进行安全教育，杜绝伤害事故的发生。另外，要及时送还体育器材，做到不损坏、不丢失。

第七，根据学生的年龄、心理、体重等特点因材施教，同时注意防止意外事故的发生。努力提高学生的体育素质，注重技能技巧的培养。进行定期的抽查，观察课堂教学目标的落实情况，学生能否达到预期的教学目标，课堂上学生是否有良好的学习习惯与行为，课堂纪律是否良好，等等。

第八，认真做好学生体育成绩的考核评定，建立健全学生体育档案、运动队训练档案及各项竞赛活动等资料的整编；使学生能达到课程标准规定的基础知识和基本技能的要求，体育达标率在 90% 以上，优秀率在 50% 以上。

第九，切实组织好全校的早操、课间操和班级体育活动，组织和辅导学校安排的校外体育活动、大课间活动、体育竞赛等各项体育活动，做到有计划、有组织、有效地完成体育教学的目的和任务。

二、高校体育教师的执教能力

体育教师的本职工作是搞好体育课堂教学，其中，执教能力是体育教师实现教学最优化和提高教学质量的前提条件，是体育教师完成教学任务所必备的实际工作技能。体育教师的执教能力一般包括以下方面：

(一) 组织能力

课堂教学组织能力是上好体育课的重要条件。体育课一般在室外进行，外界环境干扰较大，学生人数多，而且学生的兴趣和爱好不一致。因此，体育教师必须具备较好的组织管理能力，如课堂教学管理、课余训练、课外活动、体育竞赛的组织管理、对学生进行思想疏导等。

在教学中，体育教师要严格地执行课堂常规，注意课的结构和时间的合理安排，以及教法的合理运用，从而保证体育课的教学密度和运动负荷，提高体育课的教学质量。在教法方面，体育教师要做到讲解精练、示范正确，能抓住重点和难点；因材施教，激发学生的练习兴趣，有效地调节、控制整个教学活动；提高学生的思考能力和分析能力，及时发现和纠正学生的错误动作，采用有效的保护措施，防止伤害事故发生，以提高教学质量。

（二）评价能力

教学评价是教师应具备的教学能力之一，包括课中评价和课后总结两个方面。课中评价主要是体育教师对学生在课堂上的活动做出及时、恰当的言语评价。言语评价的作用在于能让学生及时了解自己的学习结果，从中获得反馈，提高学习兴趣和效果。同时，学生可以从肯定性的评价中获得心理上的满足，从而保持学习的积极性和主动性。课后总结包括课堂总结和课后小结。课堂总结主要是体育教师对学生在课堂上的表现做出恰如其分的评价，总结优点，找出不足，指出努力方向。课后小结主要是体育教师对课堂上的组织教法、课的实施状况及教学效果进行一个全面的分析和总结，并提出改进的意见和方法。

三、高校体育教师的信息化素养

（一）信息化素养的表现

体育教师应该具备的信息素养主要包含以下方面：

1. 信息意识

信息意识是信息素养中不可或缺的部分，它实际上就是人们在信息活动中产生的观念、认识的总和。体育教师的信息意识主要指体育教师的信息敏感度，身为教师要具有敏锐的观察力与持久的注意力，可以及时发现有效信息，并且将这些信息进行整合，充分发挥其作用。体育教师只有具备良好的信息意识，才能敏感地感知信息，主动地挖掘信息，充分地利用信息。信息意识是教师发展其他信息素养的基础，也是教师开展信息化体育教学的前提，如果没有信息意识，那么其他的信息素养以及信息化教学就无从谈起。

2. 信息知识

信息知识是构成信息素养的重要部分，它主要指与信息相关的知识内容。信息知识的范畴较广，既包括信息的基本知识，如信息理论知识、对信息与信息化的理解、信息化方法等；也包括信息技术知识，如信息技术原理、软硬件知识、对信息技术发展的认识等。要想开展信息化教学，体育教师就必须掌握充足的信息知识，并且要不断更新自己的知识库，始终保持学习新知识的状态。

3. 信息伦理

信息伦理也是信息素养中的重要内容，它主要包含信息安全与信息道德两个方面。信息伦理要求教师在获取信息、利用信息以及传播信息时要遵循伦理规范，不能伤害其他人以及社会的合法权益。因此，体育教师必须了解一些与信息安全相关的、防范计算机病毒、抵制计算机犯罪的知识。在信息化教学中，体育教师还要具备良好的信息道德，首先要保证教学内容的科学性、合理性，其次要尊重他人的知识成果，不能随意盗用。

（二）信息化素养的特征

信息素养是人们在解决问题时所表现出来的综合素质。也就是说，人们发现问题、分析问题、收集信息、寻找方法和工具、制订解决问题的方案、评价问题直到最终解决问题的全过程都体现着自身的综合信息素养。具体来看，信息素养包括以下特征：

第一，综合性。信息素养具有综合型，它是人的基本素质之一，体现在多个方面，主要是指人在解决问题的过程中综合表现出来的能力。信息素养不只与信息知识、信息技术、信息能力相关，它还与具体的问题相关。通常，信息素养越高的人解决问题的速度越快、使用的方法越有效。

第二，灵活性。信息素养要求人们在解决问题的过程中具备一定的灵活性，一般来说，一个问题的解决实际上有多种方案，同时实施方案的具体方法也有很多，具有良好信息素养的人可以根据具体问题快速找到问题核心，进而灵活地组合使用解决问题的方案与方法，更快、更好地解决问题。

第三，长期性。信息素养具有长期性，也就是说，信息素养的形成需要长时间的积累与练习，不是短时间内就能轻易形成的。要想具备良好的信息素养，就必须不断地解决问题，并在此过程中学习知识、掌握知识、锻炼技能，长期的、大量的、反复的练习是提升信息素养的有效方法。此外，还要进行一定的总结与反思。

第四，创新性。信息素养具有创新性，通常，人们在解决问题时会产生新的想法、形成新的思路，进而探索出新的解决问题的方法，这就是信息素养创新性的主要体现。具有良好信息素养的人往往能够综合考虑问题的多个方面，找到新的解决问题的路径，进而更加高效地解决问题。

四、体育教师的专业化发展

教师专业发展是指教师在整个职业生涯中，通过专门训练和终身学习，逐步习得教育专业的知识与技能，并在教育专业实践中不断提高自身的从教素质，从而成为一名合格的专业教育工作者的过程。

（一）职前教育

1. 以专业化取向改革职前教育课程体系

与其他学科的教师相比，体育教师的社会地位及专业地位有待提高。其途径虽然很多，但提高体育教师的专业化程度则是更为重要的途径，而这最终要通过体育教育专业课程的专业化来落实。以往体育教育专业课程改革中的一个问题就是过于强调"学科"与"术科"的比例，其隐含的前提仍是基于一次性本科教育即可培养优秀体育教师的理念，这种理念并不把体育教学工作看作专业性工作，也不把体育教师看成是需要不断学习和探索才能趋于成熟的专业人员。实际上，"学科"与"术科"只是体育教师专业发展诸多内涵中的一个方面。所以，体育教学的专业化发展就成为体育教学改革的一大方向。目前，教师专业化发展已经把教学工作看成是一种专业性工作，教师也是一种专业性人员，所以，教师教育专业化发展的实施不仅要以教学工作的性质为依据，而且还要以教师专业发展的要求为依据。

按照一定的方向组织起来的课程体系就是专业的实体。因此，从教育内容的层面上来看，如果要体现体育教育专业的专业化，就必然要从体育专业课程体系来实现。因此，试图通过体育教师专业化发展来提高教学质量的体育教育改革，在改革方向上必然要以课程改革为主。体育教育课程改革专业化取向的实质就是要以体育教师专业发展为核心，推动专业课程体系的构建，同时还要让体育教师的专业发展为课程改革提供重要支撑。这不仅只是对师范教育专业化趋势的顺应，也是基于对以往体育教师社会地位及专业地位的反思。

2. 完善体育教育学学科体系

早期体育教育专业更多地依赖于教育学、心理学、生物学和医学学科为学科基础，之后，体育教学法、教学理论等可以将体育学科特点反映出来的课程开始为人们所重视。

以培养体育师资为主要任务的体育教育专业是建立在体育科学、人体科学、体育教育学等学科之上的，这不仅可以从专业课程中体现出来，也可以从国家的相关文件中体现出来。

专业性的职业不仅应该需要一些基础学科来支撑，而且还需要能够体现专业特性的学科来支撑；专业教育在拥有基础课程的同时还要拥有体现专业教育的支撑课程，如果没有这类专业课程，专业教育也就不复存在了。这里所说的职称课程其实就是指专业课，这是一类与基础课程相对立的课程，目的是让学生掌握相关专业知识与技能。

体育教育专业课程改革走专业化道路的一个根据要求就是要建构专业化的课程体系，该体系一方面必须有大量的专业基础课，另一方面还要能在较大程度上将体育教育以及教学的诸多特性反映出来。因此，我们必须明确体育教育专业的支撑学科以及课程，必须以体育教师专业发展的要求为依据，这样，专业化的课程体系才能真正建立起来，体育教育专业课程改革的要求也就实现了。

构建体育教育类课程必须从体育教育学学科的建设入手，在构建体育教育学学科时，一般需要包括以下三个方面的内容：

（1）从哲学与原理意义层面上来看，不仅要探讨体育教育与人的身心发展、社会发展的关系，而且还要探讨教育的内容、目的以及方法等，包括体育教育思想史、各国体育教育比较等。

（2）体育教学方法与体育学习方法的基本原理与实践，以及该领域的特殊性问题，具体说，包括体育教学论、运动技术学、体育方法学、体育评价学等。

总之，体育教育学是一个学科群。在它之下，存在着众多的具体学科，这些学科一起共同构成一个完整的体育教育学学科，包括运动学习论、运动技术学、体育教育评价论等多个分支领域。但对本科体育教育专业来说，不必以课程形式与其一一对应。体育学科构建问题并不只是本科阶段的问题，因为体育教师的专业化发展并不是一个阶段性过程，它是一个长期的过程，本科阶段只是这一长期过程中的一个环节。所以，完善体育教育学科体系，主要的目的就是为体育教师专业全程发展提供一些支撑课程。

（二）入职教育

1. 建立体育教师入职教育制度

体育教师入职教育工作要有一个保障前提，那就是要建立相关规章制度，进行依法管理。入职教育之前是职前教师培养，之后是职后教师教育，而它则是连接这两种教育的桥梁，更重要的是，它还是实现教师教育一体化的中间环节，起着重要的承上启下的作用。如果想要将入职教育当作教师教育的中间环节来看待的话，那么，就必须进一步建立健全教师入职教育制度。

当前，为了保障教师的权益，需要尽快将教师入职教育的立法工作提上日程，为了加快这一法律的实施，还需要制定与之相配套的政策，从而实现对教师入职教育的监督与评价。同时，还需要指出的是，可以将教师入职教育与教师资格、教师聘任制度等相挂钩，这样教师就必须认真对待入职教育，因为一旦其入职教育不成功，那么，就会无法取得教师资格或者无法转正，从而保证教师入职教育扎扎实实地得到落实。

与此同时，各级地方政府、教育行政管理部门和学校应建立健全一套符合国家政策和自身实情的体育教师入职教育管理体系，这一体系必须是科学的，能将入职培训与考核结合起来，还能让教师入职教育变得更加规范、合理，同时，还可以将教师的参加入职教育与转正定级、晋升工资或职称联系起来，从而提高体育教师参加入职教育的积极性。

2. 丰富体育教师入职教育的形式

（1）重视多种形式并举，突出培养自我反思能力。中国所有的初任体育教师入职教育活动安排一般都是通过行政命令系统实现的。行政部门让学校指派相关的初任体育教师参与行政单位组织的活动，也可以是行政单位明确指出学校应该组织什么样的活动，然后这些教师必须参加。这种情况之下，初任教师们就始终处于一种被动的状态，他们参与什么活动只能够听从学校或者行政单位的安排，因此很难将其主动性激发出来。而对于那些组织培训活动的单位，其完全忽视了初任体育教师的重要性，而是把完成任务放在第一位，这种方式是一种不折不扣的自上而下的行政管理主义的方式，因此很难取得不错的培训效果。此外，学校还可以从其他学科在新教师入职教育工作使用的方法中汲取影响，例如，注册课程、网络支持等形式，这些形式不仅可以进一步帮助教师挖掘优质的教学资源，而且还能为新教师学习优秀的教学经验提供方便。

同时，高校应该考虑到这些新教师刚开始开展教学活动的不适应性，因此可帮助他们多组织一些教学讨论活动，让教师在讨论中交换教学心得，同时促进他们教学反思活动的开展；还要努力为这些新教师争取一些参与专业研讨会与座谈会的机会，让他们可以与相关领域中具有影响力的人物进行接触，从而从这些人物那里获得更多新的知识、新的启发；鼓励初任教师要多学习其他教师身上的优点，学习其他教师教学的长处，不断提高自己的专业能力。

在多种培训模式的帮助下，不仅要提高初任教师的教学能力，而且还要提高他们的教学反思能力。这是因为反思能力可以让其了解自己在教学过程中的优势与不足，了解其在教学过程中投入的情感情况，从而使他们从整体上对自己的教学情况予以把握。当前，教学反思已经为大多数教师认可与接受，这是因为他们已经从反思中收获了不少教学的思路与想法，更重要的是，所有的教师一起反思还能让其了解到别人的教学思路，这样教师的教学思路将更加开阔，教学技能也能得以提升。

初任教师在与过去教学过程中的自己进行不断的对话，就可以更加全面地认识自己以及自己所开展的教学活动，就是在这样的一次次反思中，初任教师得以成长，反思的次数越多、力度越强，初任教师就越能迅速成长为专家型教师。提到教师反思就必须提教师反思的方法，这些方法非常多，不仅包括教学日志、课后小结，还包括教学研讨法、观摩法等，单独使用这些方法的效果有限，因此不少教师选择将不同的方法合起来一起使用，从而进一步强化反思的效果。在初任教师中，最常用的反思方法主要有两种：一种是课后小结，另一种是教学日志。

（2）在实践中要注重不断完善指导教师制。学校培养教师的方法虽然有很多种，但是为大家所普遍适用的一种方法则为指导教师制，需要说明的是，这一制度可以由单个教师执行，也可以由教研组或者备课组等以小组的形式执行。不过，参与这项制度的教师多半是来自本校的一些比较有经验的名师。指导教师制让初任体育教师收益颇丰，指导教师帮助他们解决教学过程中的问题，帮助他们开拓新的教学思路，使他们少走了不少弯路，但是，还需要说明的是，每个学校的指导教师制都是根据各个学校的实际情况制定与实施的，所以该制度所取得的效果也是不同的，甚至在同一学校内部的效果也有着明显的差异。因此，学校不能一味地实行指导教师制，而是需要考虑它的质量与效果，否则，只停留在制度层面、忽略实践的指导教师制就是毫无意义可言的。

对初任体育教师进行教学指导能否成功的一个关键要素就是指导教师。而在具体进行教学指导之前，首先需要确定什么样的教师才符合指导教师的要求，而当选择好指导教师之后，就可以对他们进行相关知识的系统培训。在培训期间，要将指导教师的职责范围确定下来，同时还要确定下指导时间，这是因为每个初任教师之间是有着显著差异的，有的教师入职期只有半年，有的则长达一年、两年。指导教师对初任教师的指导时间最好控制在1~2年，初任教师工作一年之后，可以对其工作进行客观考核，然后根据考核结果再决定是否还要对这些初任教师进行指导。

（3）增强体育教师入职教育的管理与考核评价。教师教育的一个重要环节就是入职教育，它连接职前教育与职后教育，起着承前启后的作用，涉及初任体育教师的任职学校、毕业院校、初任体育教师的培训机构、地方教育行政管理机构等多个部门及人员。根据体育教师入职教育的实际情况，发现只有构建完善的教师入职教育组织和管理体系，才能将涉及的机构与人员之间的关系协调好，也才能使入职教育的作用发挥到最好。

在入职教育中加入考核评价环节是非常有必要的，这是因为这一环节不仅能显著提高教师培训的质量，而且还能极大地提升参与培训的教师的积极性，使其可以以更加饱满的热情投入培训中。考核评价的结果反过来又能进一步促进教师入职教育体系的完善，就是在这样的相互影响与促进中，体育教师入职教育得以顺利实施，入职评价体系也得以完善。评价方式的选择是多样的，可以由指导教师对初任体育教师进行评价，可以由学校对教师进行常规检查，也可以由学生对初任教师的教学进行反馈，等等，具体使用哪种评价方式需要指导教师与学校管理者进行商讨，一般来说，评价方式的使用并不单一，而是将几种评价方式结合起来使用，这样能增强评价的效果。

3. 完善体育教师入职教育的内容

根据体育教师的思想素质、能力水平等，同时还要与体育教育改革的新动向、新成果相结合，加强对教师成长规律、入职教育发展规律的理论研究，在总结一些体育教师入职教育成功经验的基础上，科学地制订教师入职教育工作计划，丰富入职教育内容。根据近年来体育教师入职教育的经验，目前应重点加强体育教师入职教育在师德修养和新知识、教育理念以及教育教学技术能力方面的培训，还要考虑体育学科的特点，在秉持有效性原则的基础上，在与体育教学改革的理念、方向相一致的前提下，让准备入职的体育教师通过入职教育了解教学改革的相关知识，从而使其可以获得新的教育理念，更重要的是，还能保证入职教育所传授知识的科学性与先进性。

(三) 职后教育

1. 具备前瞻性与多样性

(1) 前瞻性。前瞻性指的是超前性、发展性。教育的属性之一是超前性，教育是面向未来的事业，教师职后教育更要具有超前意识。体育教师职后教育必须强调按需施教，让体育教师能学以致用，尤其是注意研究新动向、新技术，还要注重研究人才和技术的需求状况，持续地提供新资讯，使职后教育的发展始终走在前端，发挥其对实际工作的超前指导作用。这要求我们提供的体育教师职后教育必须突出将重点放在更新体育教师教育观念，更新知识结构，不断完善教学手段、方式和内容，只有这样才能实现职后教育的超前性。

（2）多样性。体育教师的职后教育在时间和空间上与传统学校教育相比存在很大不同，体育教师职后教育的发展应试图将这些因素有机地整合，甚至应扩展到整个人的各个方面，才能使体育教师的职后教育可持续发展。另外，职后教育的发展要考虑体育教师在不同的职业发展时期有不同的需求反映，根据不同的需求和反映，应体现出体育教师职后教育内容与方法的不同。体育教师职后教育的多样性也应体现在学校教育和社会教育的结合上，实现各种教育形式的综合统一。

2. 细化体育教师职后教育的目标

教师专业化还关注教师职后教育，不仅为教师职后教育制定了总目标，而且设置了一些具体目标，同时还为具体目标的实现提供了建议。根据教师专业化的要求，我们在设计具体的培训项目时，应根据培训对象的不同，针对不同的培训需求，设置不同的具体职后教育目标。例如，在体育教师职后教育类别方面，我们可以细化为面向全体体育教师培训，这些培训可以是岗位培训，也可以是学历再提高培训。

对培训的目标进行细致区分，有助于学校在制定与实施教师职后教育时具有一定的针对性。目前，由于教师专业化发展的要求发生了变化，因此，体育教师职后教育的目标也发生了变化，过去的目标为"学历达标"，而现在的目标则侧重于"能力提升"。面向所有体育教师岗位培训的目标是要让所有体育教师可以形成正确的教育观念，形成完善的知识结构体系，具备较高的道德素质，能够自觉承担教学义务与责任。学历再提高的培训目标是要让教师通过必要的培训实现自身学历的提升，学历的提升也意味着教师已经掌握了更为全面的知识，这同时也在表明体育教师的教学水平也会同时有所提高。

3. 完善体育教师职后教育机制

体育教师职后教育的效果与质量，很大程度上离不开职后教育机制的完善。针对目前各级教育管理部门，尤其是基层学校对体育教师职后教育"讲起来重要，落实起来次要"的状况，应制定相关的政策与法规，通过必要的手段为教师职后教育提供可靠的保障；要为教师建立相应的激励机制，教师的教学任务繁重，对那些在自己岗位上尽职尽责的教师，学校最好可以给予一定的资金鼓励；体育教师专业发展的组织形式不应该固定、单一，而是应该呈现出多样化的发展趋势；还需要为职后教师专业发展建立必要的考核机制，通过上述手段来提高体育教师职后教育的质量，促进体育教师整体素质的提升。

同时，针对体育教师职后教育培训与当前各校教师发展不相符的情况，各个学校应该统一教师专业发展的理念，将这一理念融到教师职前培养、入职培训与职后教育的环节中，将每一个环节的教师发展任务都落实下来，从而实现教师专业发展每个环节的融会贯通，这样教师自己就实现了自己的全面发展，也能进一步提高体育教师教育的质量。

第四节　高校体育教学中的社团管理

高校学生社团的起源、发展历史悠久。20 世纪 80 年代以来，高校学生社团组织随着改革开放的大潮一起迅速成长壮大。近年来，随着中国改革开放的深入发展，经济社会的全面进步，市场经济体制的逐步完善以及高等教育改革的力度加大，学生考核培养标准中将社团因素纳入综合素质培养范畴，使得高校学生社团组织无论从数量还是质量，均进入蓬勃发展的黄金时期，给高校校园科技文化等诸方面增添了无限生机与活力。学生社团已经成为当代高校校园文化建设的重要载体，是学生体育工作的又一重要渠道，同时又是学生自我教育、自我管理、自我服务的重要依托，是当代中国高校重要的课外教育资源之一。

一、高校体育社团的特点和类型

（一）高校体育社团的特点

第一，群体目标一致性。大学生社团能够成立是因为大学生社团的成员在观念、兴趣、特长、爱好等方面具有某种程度的一致性，通过社团的活动来提高社团成员的能力、知识，并且在社团意识和社团规范的作用下，社团随时可以产生共同一致的行为。正是目标的一致性，才能使社团具有凝聚力和生命力。

第二，持续的交往性。大学生社团成员之间的关系不是临时性的，他们保持比较长久的交往，在交往过程产生互动，相互影响，在这个过程中认识自己，形成并修改自我观念。

第三，一致的群体意识和规范性。高校学生社团成员有共同的利害关系和兴趣，并遵循一些模糊的或者明确规定的行为规范，在交往中通过心理和行为的相互影响或学习，会产生或遵守一些共同的观念、信仰、价值和态度。

第四，社团活动内容的广泛性。高校社团都是由文化层次较高的大学生组成的，涉及政治、经济、文化、科技等各领域，容易接受新事物，关注社会热点，从而，使社团活动内容多样化，也使高校社团具有生命力。

（二）高校体育社团的类型

1. 组织结构松散型学生社团

组织结构松散型学生社团中，大学生加入社团只需报名登记或进行简单考试就可以参加，成员均可自由退出，无需办理像入党、入团那样较为复杂的手续，也无需进行严格的组织审查。该类社团的组织规模大小不一，少则几个人，多则数千人，成员结构具有跨专业、跨院系、跨校的横向联系，以及专科生、本科生、研究生共同参与的多层次结构。

2. 自发型学生社团

自发型学生社团一般都是在大学生自愿结合的基础上形成的，这既不需要领导批准，也不需要社会的正式承认，完全是因为大学生共同的观念、兴趣、爱好、追求的一致性而自发组成的。该类社团基于在大学生自愿结合的基础上形成的，既不需要批准程序，也无须一定承诺责任，以至于可能造成责任缺失的情况。因此，需要引导其规范组织程序，借助社会规范与组织制度，促进其健康发展。

3. 活动方式灵活型学生社团

活动方式灵活型学生社团活动可以是虚拟的数字型的，也可以是实在的，还可以虚实并举，可以定期，也可以不定期。该类社团基于活动方式的灵活而形成，人员变化大，活动范围广，具有"不拘一格"的特点。理论型、学术型社团可以通过举办研讨会、演讲会、讲座、竞赛、展览、沙龙等活动组织大学生交流思想，探讨问题，增长知识，拓宽视野；文娱型社团，可以通过各种文体活动愉悦身心，丰富生活；服务型社团，人员可多可少，地点可以校内、校外，充分发挥成员的专业和技能特长组织活动。

4. 社团成员广泛型学生社团

社团成员广泛型学生社团属于活动内容丰富多彩的学生社团。社团可组织一些重大的活动，如大型文体活动、学术报告等，可吸引众多的爱好者和热心者，可产生较大的声势，在校内外产生较大的影响。该类社团参加者的特点是来自不同年级、不同专业、不同层次、不同民族的学生，其为了共同目的，参加到该社团中来。积极引导和发挥高校学生中广泛型社团的组织优势，可更好地为广大大学生提供充实的课余发展空间。

5. 人际交往型学生社团

人际交往型学生社团就其活动内容与目的而言，以人际交往的直接交流为目的，从而获得感情认同和相互认可。该类学生社团的特点是感情色彩浓郁，空间距离不大，成员处于直接面对面的接触之中，感情交流频繁，社团的认同感、归属感比较强烈。这种人际交往的直接性是学生社团得以存在和发展的重要保证。引导和升华该类学生社团的活动内容，对于学生社团健康发展有着积极意义。

6. 活动内容广泛型学生社团

活动内容广泛型学生社团通常是具有广泛活动主题的社团组织。社团不拘泥于已有的知识体系、学科体系约束，广泛开展以提高学生综合能力、课外与课内互济互补、培养一专多能人才的社团实践活动，通过社团活动锻炼其成员，以适应社会发展对人才的需要。该类学生社团正是在这种环境下得到了迅速发展和实质性的突破。该类学生社团以培养自己的综合素质为目标，按照自己的兴趣、爱好和发展目标，开展学术研讨、科技发明、社会服务、文化娱乐、实践考察等系列活动。同时，该类学生社团的活动紧密联系社会，其服务对象从高校学生扩展到社会的各阶层成员，活动内容也更为广泛，实现了公益性和商业性的结合，从而更好地促进了社团成员素质的培养。

二、高校体育社团活动的组织

（一）高校体育社团活动的指导思想与任务

第一，高校学生社团活动的指导思想是依据高校整体教育的思想和观念，通过开展有针对性的系列化有形活动，着重提高学生在思想道德、艺术修养、身心健康、实践能力、实际技能等方面的综合素质，使学生开阔视野，增长知识，培养创造能力和实际工作能力，培养高质量的人才。

第二，大学生社团活动的主要任务是以体育社团为载体，以活动为依托，以"第二课堂"为空间，通过和社团活动的有机结合，优化学生成才的环境，根据学生的兴趣、爱好和特长，充分发挥学生的主动性和创造性，促进学生个性的健康发展。

（二）高校体育社团活动的组织理念

第一，坚持宏观控制、微观搞活的理念。把握整体，统一安排，以学生为中心，提高学生独立思考、创新精神和辨别是非的能力。具体活动的设计，要有利于精神生活，有利于增长知识和能力，有利于提高良好的品行修养。结合社会实践开展活动，结合专业学习开展活动。

第二，坚持第一课堂为主、第二课堂为辅的理念。①活动一般在课外活动时间或休息日进行，未经批准不得占用上课时间；②活动次数严格按活动课教学计划进行，不得随意增减或更改。

第三，坚持讲求实效的理念。就是要坚持内容和形式的统一，使活动具有实际意义。对不按要求组织活动或效果较差的社团，限期整改，甚至取消社团资格。

第四，坚持高水平、高质量、高格调、多层次，突出特色，坚决杜绝一些思想不健康、形式陈旧的活动存在。鼓励文理科学生交叉参加社团，完善自身知识结构，拓宽知识面，全面提高综合素质。

（三）高校体育社团活动的功能

在高校大学生社团的建设和发展过程中，通过活动项目的建设，积极创造条件，集中展示与社会宣传相结合，活动建设与骨干指导相结合，不断掀起高潮，形成社团百花竞放、各展风采的良好氛围，体现了凝聚学生、培养素质和典型示范等多种功能。

第一，思想教育功能。有效发挥理论学习类社团优势，以此为龙头，带动高校学生社团开展形式多样的思想教育活动，要在成果明显、管理有效、党团员聚集的社团中进行建团试点，以团组织活动的形式，在社团中发挥独特的思想教育功能，成为团组织在新形势下凝聚学生的有效载体。

第二，凝聚功能。规范社团负责人的选拔任用制度，并尝试将社团骨干纳入团干部体系，进行定期的、系统的培训，使社团聚集在团组织周围，并通过他们凝聚更多的学生。同时，要在活动中团结学生，引导学生，发挥团队精神，在活动实践中凝聚学生。

第三，培养功能。通过不同类别社团的建立，帮助学生完善知识结构，学习多种技能，提高实践创新等综合能力，培养良好的身心素质。

第四，示范功能。表扬不同类别社团涌现出的多种类型的先进个人和集体，为大学生树立典型，使学生有可看、可学、可争的示范榜样。

三、高校体育社团组织的发展措施

（一）坚持正确方向，重视自身建设

"体育社团是高校社团组织中最活跃的部分，它促进了高校体育工作的深入开展，丰富了大学生业余文化生活，促进了校园精神文明建设。体育社团对课外体育活动的开展具有十分重要的影响，并将逐渐发展成为高校课外群体活动竞赛和校园体育文化活动以及校

际间体育交流的主力军。"① 高校是社会主义的阵地，社团的宗旨和内容应当与高校的培养目标相符合，与体育工作的要求相一致。党团组织对社团活动不能放任不管，应加强领导和引导。对社团的领导主要体现在帮助社团坚持正确的政治方向，确立正确的宗旨、目标，配备合适的指导教师，审查控制社团刊物、讲座等。对散布消极思想的活动，必须果断地予以制止，对内容不健康、格调低下的活动，要加以整顿，并通过经费控制等对社团活动进行制约。

学生社团要体现学生风采，要针对学生特点开展社团活动。在坚持正确方向的大前提下，指导者不应过多过细地干涉社团的具体活动，要用坦诚的态度同学生社团负责人交换意见，支持他们的工作。学生要自觉参加社团，要有所求，尤其是要有所得，学到真正有用的东西。如果用同一种模式，同一种口号，同一种要求来规范不同种类的社团，势必造成社团活动枯燥呆板，千人一面，缺乏个性。要鼓励竞争，取长补短；要提倡百花齐放，广大同学才能真正地感到参加活动有兴趣、有意义，而不是徒有虚名。当然，鼓励竞争，提倡百花齐放，不是说社团越多越好，关键在于质量。品位高，吸引力就大，尤其要提倡和发展与专业知识有密切关系的社团，这样，才更有生命力。

学生社团自身的弱点是稳定性、连续性不够，成员流动快，负责人更迭频繁，尽管有一定规章制度，但内部组织管理松散，执纪不严等。因此，抓好自身建设首先要帮助社团选好负责人。要把那些积极参加群体活动，有一定组织管理能力，具有良好政治、心理素质的积极分子选为社团负责人，并加强对他们的培养教育。要完善管理制度，社团的建立要经过一定的审批手续，学生加入社团要申请，加入以后应遵守有关规定，积极开展活动。社团的一些基本制度，如规定、章程、经费管理、指导教师聘任、对外联络办法等必须严格履行，并保持相对稳定，以增强学生社团的凝聚力。

（二）突出重点，在社团中扶持一批"先进社团"

学生社团发展迅速，数量庞大，类型众多，层次不一，发展各异。高校对社团的扶持建设要坚持"有所为有所不为"的方针，要结合各校的历史传统、专业特色、发展定位及社团现状制订社团发展规划和目标，重点培育一批历史悠久、基础较好、影响面宽、知名度高、教育性强的社团，形成几个在学生中有广泛影响、声誉良好的"名牌"社团，发挥示范效应。

---

① 饶国栋.加强高校体育社团管理促进和谐校园建设 [J].企业家天地下半月刊（理论版），2010（01）：87-88.

对社团的培育扶持重点要做好"三个方面的指导"：①对活动方向的指导，要选派优秀教师或经验丰富的专职干部加强对社团的指导，确保坚定正确的政治方向；②对活动内容进行指导，给学生社团出谋划策，规划一定的活动内容、活动形式，加强活动审批把关环节，确保"名牌"社团健康有序地发展；③对社团骨干的指导，社团骨干是社团的"纲"，在社团中发挥着传、帮、带的重要作用，培养好社团骨干可以起到事半功倍的效果。

第五章 高校体育运动训练及其科学化研究

第一节 高校体育运动训练及发展趋势

一、高校体育运动训练的认知

（一）高校体育运动训练的特点与要素

1. 体育运动训练的特点

（1）目标专一，任务多样。"运动训练，是为了实现体育运动所追求的目的，抑或为了完成某项体育任务所进行的一种训练渠道。通常情况下，体育运动是指多门学科的运动员，在教练的指导下，双方配合的一个过程。"[①] 运动训练以创造优异运动成绩为目的，因此训练目标非常专一，安排的训练项目、内容都具有专门性。随着现代竞技运动的快速发展，比赛竞争也越来越激烈，要求运动员各种能力都要有所突破，不断刷新成绩。因此，高校不但要开展全面训练，并且要在此基础上依据运动专项的特殊要求，在不同训练阶段采用各种手段开展专项训练。运动训练强调专门性，但也不排斥有利于专项运动能力提高的其他项目的训练内容和手段。实际上，很多运动训练项目之间都相互借鉴、参考有利于自身的方法。运动项目、内容的专门性不仅是指专项本身，也是从运动训练目的和可能性上来讲的。

虽然运动训练有明显的专项的专一性，但具体训练任务方面却是多样的。有的运动训练项目不但要开展各种体能训练，还要开展技术训练；不但要开展战术训练，还要开展心

---

① 李献军. 高校体育教学和运动训练的协调发展 [J]. 商丘职业技术学院学报，2017，16（04）：106-108.

理素质训练。这些任务既有训练因素方面的训练任务，也有非训练因素的训练任务。

（2）内容复杂，方法多样。运动训练功能和任务是多样的，训练过程是复杂的，而运动训练内容也表现出复杂的特点，这也就要求不断探索更多的训练方法、手段，并在此过程中进行科学合理的优选。现代运动训练的基本手段是开展身体练习，而只有进行各种身体练习才有可能提高运动能力。在具体的训练实践中，既要根据不同任务选择运用最有效的手段和方法以提高训练的效果，又要采用多种手段、方法达到同一目的，从而提高大学生的兴趣，使大学生能够主动、自觉、积极地进行训练。

（3）过程长期，安排系统。运动员肌体的生物节奏变化是周而复始、循环往复的，运动竞赛安排也具有周期性的特点，按一定的动态节奏，循环往复、逐步提高地安排训练内容和负荷量度，因此运动训练的过程也是长期。运动员有肌体经过长期系统训练，才有可能产生良好的训练适应。从本质上讲，运动能力提高过程是运动员有肌体对训练刺激产生适应并由量变到质变的过程。在运动训练中，没有长时间量的积累，就不会有质的变化和提高。由于在长期训练过程中受多种因素的影响，需要以科学严密的训练计划做保证，把计划安排的长期性与阶段性紧密结合起来。

（4）计划科学，有针对性。现代训练的科学化水平越来越高，其科学性主要体现在运动训练的计划中，教练员、运动员实施训练以训练计划为依据，但是有计划而安排不科学，也难以达到最高的训练成效。

运动训练在很大程度上是一个个人的训练过程，优异运动成绩的取得，与运动员的天赋才能、运动素质的发展、技术与战术的掌握、心理素质的优劣以及文化素养的高低有密切的关系。而这些基本能力又存在着很大的个体差异，并在一定程度上可以相互补偿。只有针对性强的训练刺激，才会最大限度地挖掘和发挥运动员的潜力，提高大学生训练水平。在一些集体对抗项目，如篮球、足球、排球的训练中，由于位置和分工的不同，也要实施一定程度的个别训练。但是要注意的是，针对性并不是否认群体训练中特定的训练过程和时间，练习形式、内容、方法安排上的一致性。

（5）效果有表现性，表现方式有差异性。运动训练的效果和最终目的主要是运动成绩的提升以及对身体健康的促进。训练的效果以及通过训练提高的运动技术水平和成绩都需要通过比赛来表现。在正式比赛中表现出来，才会得到社会的认可。在比赛中不能表现出训练中最高成绩水平的运动员，就不是一个真正优秀的运动员。在日常训练中要加强对大学生比赛能力的培养，以力争将平日中的训练成果在重大比赛中以优异的运动成绩表现出来。在运动训练的过程中既要着眼于竞技能力的提高，又要根据长期、近期参加比赛的安排，进行科学的训练。

运动成绩要通过一定方式表现，但运动项目比赛方式不同，所以运动成绩的表现方式也各不相同，有的用功率指标表现，有的用比分表现，也有的用评分方式表现。这些表现形式都有十分严格的规则和制约条件，否则即便是正式比赛中表现出来也不一定能得到承认。

除上述五个特点，运动训练中竞技能力结构还具有整体性，而各子能力之间又具有互补性。虽然不同项目运动员竞技能力的构成都有各自的特点与侧重，但不论是哪一个运动项目，大学生的竞技能力都是由体能、技能、战术能力、心理能力以及运动智能等方面构成。各项目运动员的主导竞技能力及次要的竞技能力，各以适当的发展水平、相应的结构协调地组合在一起，构成了大学生表现于专项竞技之中的综合竞技能力。同时，各子能力之间相互促进、相互制约，发展较好的优势子能力还可以在一定程度上对发展滞后的劣势子能力产生补偿作用。

2. 体育运动训练的要素

（1）训练时间。大学生要保证运动训练产生效果，通常情况下，一次运动训练应至少保证 20～30 分钟具有一定强度的练习。以肌肉耐力与力量训练为例，训练时间与训练中的重复次数成正比，对于一般训练者来说，在阻力充足的条件下，使肌肉全力以赴地练习 8～12 次的重复量，可以在发展肌肉耐力的同时，使力量也得到一定程度的训练。当训练者有了进步后，每种抗阻力的训练应重复 2～3 组。人的身体不会因为一次的运动变得更健康，不管是肌肉、体脂肪、神经反应、心肺功能等，都需要至少 4～6 周以上的持续运动才有可能改善。一般而言，运动后的 24～48 小时生理状况会比运动前还要差，只有经过一段时间的休息与恢复后，身体才会开始适应运动后的生理变化，变得比运动前更好。因此，在进行训练时，需要懂得掌握训练的强度及恢复的时间。

（2）训练形式。运动训练的训练形式亦即练习形式。为提高大学生的有氧耐力，通常采用慢速跑步、越野跑、骑自行车、游泳、划船等周期性运动。要开展柔韧素质训练，可选择器械上练习（肋木、平衡木、跳马、吊环、单杠等），也可以利用外部阻力（同学的助力、负重）进行练习，或者利用自身所给的助力或自身体重进行练习（如在吊环或单杠上做悬垂等）。在运动训练实践中，选择练习形式时，应遵循科学训练的专门性原则。例如，为了增强训练者的心肺功能，应让其做提高心肺功能的练习。

（3）训练强度。合理安排训练强度是运动训练中需要重点考虑的问题。有很多方式可以用来衡量训练强度，如心跳、耗氧，也就是运动时身体使用或消耗多少能量。例如，力量素质的训练强度，通常以不造成训练后隔夜的疲劳以及不适感为主。通常情况下，训练强度会根据运动训练形式的变化而发生改变。例如，在以提高心肺功能为目的的训练中，大学生必须全力以赴，使训练心率提高到心率储备的 60%～90% 的水平。

运动训练的训练内容不同，其训练强度的具体指向也有所不同。例如，在肌肉力量与耐力训练中，强度指的是在某一特定练习中克服大量阻力的百分比。在确定力量训练的强度时，依据最大重复量（简称 RM）是更为简便的方法，10RM 就是能正确举起 10 次的最大重量。对于一般训练者而言，8～12RM 是提高肌肉力量与耐力最适宜的训练强度。

在传统的训练中，通常采取高训练量、低训练强度的原则。近年来，实际的训练情况与比赛结果证明，长期进行高训练量、低强度训练，容易使大学生产生神经系统和肌肉疲劳，从而使训练的效果下降。运动员在大量的低强度训练时，极易导致神经系统疲劳，无法发挥大学生的个人潜能。因此，运动训练要想取得好成绩，就必须抛弃大训练量、低强度的训练方式，而采用高强度负荷的训练方式。

（4）训练负荷。运动负荷以身体练习为基本手段对训练者有肌体施加的训练刺激，是训练者在承受一定的外部刺激时在生理和心理方面所表现出来的应答反应程度。一般情况下，可以通过对训练负荷诸因素的控制，构建起不同特征的训练方法，进而利用不同特征的训练方法有针对性地提高训练者的体能素质水平。训练负荷是运动训练过程中最为活跃的因素。在运动训练全过程中，从每一次训练到全年训练、多年训练，都要安排适宜的训练负荷，科学地控制负荷的动态变化。评定训练负荷的大小指标有训练的次（组）数、距离、时间、重量、速度、难度、心率、血压、血乳酸、血红蛋白、尿蛋白等。

（二）高校体育运动训练的方法

运动训练采用的方法有很多，具体要根据实际情况和需要进行有针对性的选用，以达到最佳的训练效果。

1. 分解训练法

分解训练法指的是将完整的技术动作或战术配合过程合理地分成若干个环节或部分，然后按环节或部分分别进行训练的方法。在需要集中精力完成专门训练任务，对主要技术动作和战术配合环节的训练进行加强时，适合采用分解训练法进行训练，这样可使训练取得更高的效益。分解训练法有着自己的适用范围，主要适用情况包括技术动作或战术配合过程较为复杂、可予分解，且运用完整训练法又不易使运动员直接掌握的情况下，或者技术动作、战术配合的某些环节需要较为细致的专门训练。

单纯分解训练法、递进分解训练法、顺进分解训练法、逆进分解训练方法是较为常见的四种分解训练法类型。

2. 完整训练法

完整训练法指的是从技术动作或战术配合的开始到结束，不分部分和环节，完整地进行练习的训练方法。完整训练法的运用可以帮助运动员对技术动作或战术配合进行完整的掌握；保持技术动作或战术配合的完整结构和各个部分之间的内在联系。

完整训练法具有广泛的适用范围，既包括单一动作的训练，也包括多元动作的训练；既有个人成套动作的训练，也有集体配合动作的训练。但是在不同的范围内运用时，要注意有所侧重。

3. 持续训练法

持续训练法是指负荷强度较低、负荷时间较长、无间断地连续进行练习的训练方法。练习时，平均心率应在每分钟 130~170 次。持续训练主要用于发展一般耐力素质，并有助于完善负荷强度不高但过程细腻的技术动作，可使肌体运动机能在较长时间的负荷刺激下产生稳定的适应，内脏器官产生适应性的变化；可提高有氧代谢系统供能能力以及该供能状态下有氧运动的强度；可为进一步提高无氧代谢能力及无氧工作强度奠定坚实的基础。

4. 变换训练法

变换训练法是在综合考虑实际比赛过程的复杂性、对抗程度的激烈性、运动技术的变异性、运动战术的变化性、运动能力的多样性以及中枢神经系统的灵活性等因素的情况下提出的。所谓的变换训练法就是指对运动训练负荷、练习内容、练习形式以及条件进行变换，以使运动员的积极性、趣味性、适应性及应变能力得到提高的训练方法。通过运动训练负荷的变换，能够产生肌体与有关运动项目相匹配的适应性变化，从而使承受专项比赛时不同运动训练负荷的能力得到提高。通过变换练习内容，能够使运动员的训练更加系统，并使运动员的不同运动素质、运动技术和运动战术得到协调的发展，从而使之具有更接近实际比赛需要的多种运动能力和实际应用的应变能力。

依据变换内容的不同，可以将变换训练法分为形式变换训练方法、内容变换训练方法和负荷变换训练方法三种类型。

(三) 高校体育运动训练对肌体的影响

1. 对骨骼的影响

骨是以骨组织为主体在结缔组织或软骨基础上经过一定的发育（骨化）而形成的。

（1）促进骨的生长发育。对青少年而言，其骨的有机物含量多、可塑性大，长骨两端仍保留使骨增长的骺软骨。在体育活动中，骨承受各种运动负荷的刺激，可促使骺软骨细胞的增殖，有利于骨的增长。同时，在进行体育活动中，血液循环加快，保证了骨的营养供给及新陈代谢的需要，从而促进骨的生长发育。

经常在空气新鲜、阳光充足的户外进行体育锻炼，由于阳光中紫外线的照射，可使皮肤内的部分胆固醇转化为维生素 D，有助于人体对钙的吸收，尤其对儿童少年的骨骼生长发育以及老年人的缺钙性骨质疏松症的改善特别有益。由于运动刺激的效应，骨能量代谢的合成需要在运动后的休息期间内完成。因此，在剧烈活动后，必须有足够的休息，以保证骨新陈代谢的正常进行。

（2）使骨增粗和提高骨的机械性能。经常参加体育锻炼，可使骨表面的隆起更为显著，骨密质增厚，管状骨增粗，骨小梁配布更符合力学规律。骨的这种良好变化，与肌肉的牵拉作用有密切关系。这一系列骨形态结构的变化，使骨的抗压、抗弯、抗折断和抗扭转等机械性能得到提高。

2. 对关节的影响

关节的基本构造可分为主要结构和辅助结构两部分。关节的主要结构包括关节面、关节囊和关节腔，即构成关节的三要素。

关节面软骨是一类似海绵状的结构，在运动时其小孔内可吸收大量润滑液，能承受较大的挤压应力，从而提高关节的缓冲能力。运动训练还可使肌腱和韧带增粗，胶原含量增加，单位体积内细胞数目增多，使其抗拉伸的能力增强。另外，运动还可使关节周围的肌肉力量增大，从而使关节的稳定性增强。

运动训练项目不同，对关节柔韧性所起的作用也不相同。坚持采用各种科学、有效的拉伸练习方法，可使关节囊、韧带及关节周围的肌肉等软组织在力的作用下提高弹性，增大关节的灵活性。

3. 对骨骼肌的影响

根据肌纤维的结构和功能的特性，人体内的肌肉组织可分为骨骼肌、心肌和平滑肌三类。骨骼肌受运动神经支配，为随意肌；心肌和平滑肌受植物神经支配，为不随意肌。在运动过程中，骨骼肌是人体运动的动力。人体骨骼肌的收缩与伸展，促成人体的每一个活动。小至眨眼睛、皱眉头等动作，大至跑步、举重、游泳、打网球等，都与人体骨骼肌的活动密切关联。

骨骼肌的收缩是人体运动的动力。当肌肉收缩时，肌原纤维内的肌纤蛋白丝和肌凝蛋白丝相对滑动，其滑动的幅度根据肌肉工作需要而定。肌肉收缩可表现为整块肌肉的长度发生变化，也可不发生变化。根据肌肉收缩时的变化，其基本形式可分为四种，即向心收缩、离心收缩、等长收缩和等动收缩。在完成工作或对抗地心引力对身体的作用时，这几种收缩往往同时或按顺序发生。

肌肉收缩时，长度缩短的收缩称为向心收缩。这种收缩的特点是：肌肉收缩使肌肉的长度缩短、起止点相互靠近，因而引起身体的运动。肌肉张力增加出现在前，长度缩短发生在后。但肌肉张力在肌肉开始缩短后即不再增加，直到收缩结束，故这种收缩形式又称为等张收缩，有时也称为动力性收缩。由于在肌肉向心收缩过程中，往往是通过骨的杠杆作用克服阻力做功，在负荷不变的情况下，要使肌肉在整个关节活动范围内以同样的力量收缩是不可能的。如当肌肉收缩克服重力垂直举起杠铃时，随着关节角度的变化，肌肉做功的力矩也会发生变化，因此，需要肌肉用力的程度也不同。

肌肉在收缩产生张力的同时被拉长的收缩称为离心收缩。股四头肌在完成蹲起运动时，需要向心和离心两种形式都发挥作用。下蹲时，股四头肌在收缩的同时被拉长，以控制重力对人体的作用，使身体缓慢下蹲，起缓冲作用，因此肌肉做离心工作也称为退让性工作。在所有的跳跃和投掷项目运动中都或多或少需要肌肉进行向心收缩和离心收缩。肌肉离心收缩可防止运动损伤，但超出肌肉离心收缩所能承受的负荷，也会造成运动损伤。离心收缩时肌肉做负功。

肌肉在收缩时其长度不变，这种收缩称为等长收缩，又称为静力收缩。肌肉等长收缩时由于长度不变，因而不能克服阻力做机械功。等长收缩可使某些关节保持一定的位置，为其他关节的运动创造适宜的条件。要保持一定的体位，某些肌肉就必须做等长收缩，如做蹲起动作时，肩带和躯干的肌肉发生等长收缩以保证躯干的垂直姿势。在更复杂的运动中，身体姿势不断发生变化，因此肌肉的收缩形式也不断发生变化。

在整个关节运动范围内肌肉以恒定的进度进行的最大用力收缩，且肌肉收缩时产生的力量始终与阻力相等的肌肉收缩称为等动收缩，也称为等速收缩。自由泳的划水动作就是典型的等动收缩。等动收缩与等长收缩具有本质的不同。肌肉进行等动收缩时，在整个运动范围内都能产生最大的肌张力，因此等动收缩练习是提高肌肉力量的有效手段。

骨骼肌是实现人体运动的动力器官，科学的运动训练会引起骨骼肌纤维产生适应性变化，这种适应性变化主要表现在骨骼肌的形态、结构及功能等方面。经常参加体育运动者，肌肉体积增大、重量增加，这主要是由于运动训练可以刺激肌纤维收缩蛋白的含量增加。研究也表明，耐力训练引起慢肌纤维横截面面积增大，而速度、力量训练则引起快肌纤维横截面面积增大。

肌肉内酶活性也随着运动训练发生显著性变化，耐力训练使肌纤维的有氧代谢酶活性提高，速度训练使无氧代谢酶活性提高。经过系统耐力训练，肌肉中线粒体数量增加，体积增大，肌肉有氧氧化生成 ATP 的能力增加。另外，经常参加体育运动锻炼者，肌肉中毛细血管数量增多，使肌肉血液供给得到改善。适度的体育锻炼通过使骨骼肌的结构发生适应性的变化，从而使骨骼肌的最大收缩力增加，持续收缩时间延长，整体收缩能力得到改善。

4. 对心血管系统的影响

在运动过程中，器官组织还可以通过自身调节使心血管系统来适应运动的需要。主要有代谢性自身调节机制和肌源性自身调节机制两类。体内各器官的血流量一般取决于器官组织的代谢活动，代谢活动愈强，耗氧愈多，血流量也就愈多。在不同器官的血管，神经、体液和局部机制三者所起作用的相互关系是不同的。在多数情况下，几种机制起协同作用，但在有些情况下也可起相互对抗的作用。运动过程中组织细胞代谢需要氧，并产生各种代谢产物，局部组织中的氧和代谢产物对该组织局部的血流量起代谢性自身调节作用。因此，当组织的代谢活动加强（例如肌肉运动）时，局部的血流量增多，故能向组织提供更多的氧，并带走代谢产物。

二、高校体育运动训练的发展路径与趋势

（一）高校体育运动训练理论的发展路径

1. 提出科学问题

提出科学问题是训练理论突破的着力点，它可以拉动运动训练理论研究。运动训练理论研究本质上是揭示理论与实践关系的问题。解决训练实践问题，先要确定问题，在问题的基础上去研究解决问题的理念与方法。

中国训练实践的科学问题是运动训练理论研究的逻辑起点，善于和勇于提出训练实践的科学问题，对于运动训练理论创新至关重要。要针对当前运动训练实践中存在的主要问题和主要矛盾。例如，训练科学化推进与理论整体创新能力不足的矛盾，竞技项目有效训练与构建训练方法体系缺失的矛盾，训练规律预见与相对基础性知识储备不足的矛盾等，这些问题和矛盾隐含着大量的训练规律。因此，对训练实践科学问题产生根源的追寻是极其重要的。运动训练实践科学问题根源可能来自：训练、竞赛组织的规律性；训练、竞赛

过程结构的规律性；训练、竞赛环境的规律性；训练、竞赛非线性的规律性；竞技能力组分协同的规律性；训练方法配置的规律性。

2. 自主性创新

运动训练理论是竞技体育发展的重要智力资源，而如果中国竞技体育发展只依靠"举国体制"理论与实践的"引进、模仿"不可能持久，必须把运动成绩增长转移到依靠科学理论与方法的自主性创新上来。选择重点领域实施自主性创新研究，实现跨越发展。

中国运动训练理论研究必须立足"自主"，要充分考虑现有竞技资源与条件，对具有"中国模式"的训练成功经验进行自主性研究。例如，自主性研究我国长期保持优势竞技项目群背后的规律性、成功要素的结构与特征、成功的基本路径以及原理与机制等；自主性研究我国个别实现突破的竞技项目成功背后的"引进、消化、吸收、创新"的模式；自主性研究竞技体育运动训练中尚未解决的难题，如竞技高峰状态的保持、竞技能力系统发展与训练过程结构合理匹配等科学问题。

3. 重视专项训练理论建设

专项训练理论建设是一般训练理论的基础。运动训练理论在指导运动训练实践时具有整体性性质，这不仅表现在宏观层面的普遍性或普适性上，而且更体现在微观层次针对专项的操作性上。运动训练理论在"一般"与"专项"两个层面相互补充、彼此约束，形成一个完整的集合。但是"一般"与"专项"运动训练理论在指导运动训练实践过程中显示出鲜明的层次性。一般运动训练理论从较宏观的、带有一般规律和共性的层面去阐明运动训练理论与方法，而专项运动训练理论则从微观的层面去揭示专项运动训练理论与方法，从而构成从一般到个别的理论体系。专项运动训练理论建设的不足必然影响到一般运动训练理论对各专项共性规律与方法的提炼，进而影响训练实践指导的效益与质量。

4. 加强研究运动训练理论的复杂性范式

运动训练是一个复杂系统。运动训练理论能否对运动训练的复杂性做出科学的解释和预见，是判断运动训练理论适用性的重要依据。复杂性研究范式强调的是被研究的系统对象具有鲜明的整体性。运动成绩或竞技能力的整体性是以其构成要素的结构而存在，构成要素之间是非线性相互作用的关系，不满足要素的加和性。运动成绩或竞技能力整体性具有"涌现"的属性，即运动成绩或竞技能力整体性所具有的特质是构成要素特质所不具有的。运动训练实践的复杂性迫使运动训练理论研究必须重新选择科学范式，复杂性研究范式为深刻揭示运动成绩和竞技能力提高的复杂机制和行为逻辑提供了可能性，无论是创造优异运动成绩还是提高竞技能力，其整体性都具有涌现的属性，这是理解运动成绩和竞技能力一个新的视角。尽管竞技体育训练理论的复杂性研究才刚刚开始，但是，理论研究实际上就是方法的研究，训练理论的突破和超越依赖于研究方法论的革命。

（二）高校体育运动训练的发展趋势

如今，随着全民健身及可持续发展理念深入人心，受其影响，竞技体育活动也逐步走向科学化、和谐化，现代运动训练发展领域将更加宽阔、更加深入，出现了很多有关运动训练的新观念、新思路、新方法、新手段，并包含丰富的现代科技元素。人们不再满足于最初仅仅依照师徒相传的经验训练，而已经深刻地意识到，必须在运动训练实践中应用新思想、新观念、新理论、新科技成果、新方法与手段、新器材仪器，这样才能更快地提高运动员的成绩，提高竞技水平。概括与把握当今运动训练科学化的发展趋势，有利于转换传统的训练观念、训练思路，找出其中存在的问题，达到育人和贯彻夺标竞技体育思想的目标。从近些年的运动训练实践来看，现代运动训练的发展趋势表现在以下五个方面：

1. 运动训练更加科学化

运动训练科学化就是人们对客观规律正确认识后产生的行为原则、决策理论及方法学原理等，并运用这些科学原理、方法及先进技术组织实施并有效控制运动训练全过程，进而实现训练目标的动态进程。也就是说，教练员和大学生以科学理论与科学原理为指导，在各方面通力协作下，广泛运用现代科技成果，采用科学的训练方法与手段，对运动训练的全过程实施最佳化控制，以最小的付出取得最佳的训练成效和创造理想运动成绩的过程。科学化训练的基本内容包括科学选才、科学诊断、理想训练目标与目标模型、科学的训练计划、有效地组织与控制训练活动、科学组织竞赛、训练信息化、良好的训练环境、高效的训练管理等。

2. 运动训练更加系统化

现代运动训练活动是以竞赛为导向的、以在竞技活动中取得一定的成绩的目的性活动，这是一个系统性的复杂工程。随着现代化的发展理念的形成，运动训练活动也逐步重视整个运动训练过程中的系统性安排与策划，从运动训练的实施到运动成果的取得，都离不开系统性的规划与计划，将系统控制思想与理念日渐与运动训练活动相融合，才能促使现代运动训练逐步走向系统化。而最优化的运动训练则要求运动训练要采取最适宜的训练方式方法，对训练的整个过程实行最高效、最低耗的训练组合，实行准确的信息反馈机制，根据运动员的实际情况制订最佳的训练计划，提高运动竞技能力。

3. 运动训练更加个性化、实战化与程序化

运动训练过程中有许多共性规律可循，由于运动训练的对象是大学生，而世上没有完全相同的个体，有些个体甚至存在较大的差别。现代训练中，要针对每个大学生的竞技能力结构特点，确立适合于每个大学生个体特点的训练模式，实施个体化训练。现代运动训练正在向个体化训练的方向发展，针对性与个体化已形成一个必须遵循的原则。根据这一趋势，现代训练十分强调对运动员个体竞技状态和运动状态的诊断、运动员个体训练模式的建立和针对某一个体训练模式进行有针对性的个体化训练。

保持和提高运动成绩的最好办法是不间断地进行该项目比赛时的最基本的练习模式。对专项训练来说，一定要强调训练的重复性和训练量的增加，其间不能穿插其他性质不同的刺激。对大学生肌体起一般性和多方面作用的负荷要素转化为运动能力的时间较长，相反，对运动肌体起专门作用的负荷要素能较快地转化成运动能力。运动员在专项运动中所需求的身体素质只能通过自身的专项训练获得，因此，高水平大学生在进行身体素质练习时应减少辅助练习的种类和数量。

比赛本身（专项训练）是最系统、最完整、最理想的训练内容，专项训练和专项辅助训练是训练内容的核心，以赛代练、以赛促练、赛练结合、从实战出发，是当今运动训练的一个发展趋势。在其他条件不变的情况下，比赛数量的增多毫无疑问地提升了整个训练过程的平均负荷强度。在当前情形下，许多竞技运动项目通常采用降低全年平均训练负荷强度的方法，防止平均负荷强度过高。平常训练强度的相应降低，使全年的训练强度变化的"落差"增大。这种强度"落差"可使运动员从那些片面强调的大强度训练而造成的长期疲劳中解脱出来。

4. 运动训练被科学技术整体渗透

从运动训练角度讲，科学技术对运动训练的作用体现在以下三个方面：

（1）人们不再满足于仅把运动成绩作为衡量训练效果的唯一标准，而是将评价的标准更多地投向训练的效率，即计算投入与产出的比值。这就要求从技术角度加大投入，微观上加强训练过程的监控，宏观上提高运动员成才率，缩短培养过程，延长运动寿命，即以最小的付出获得最大的效益。

（2）运动员的培养是一个系统、复杂和长期的过程。这个过程无论是纵向上的选才阶段、基础训练阶段、专项训练阶段和高水平训练阶段，还是横向上的专项特点、人体生长发育特点、运动员个体差异以及场地和设备条件等因素，都需要高科技理论和技术的支持。

（3）随着运动员竞技水平的提高，肌体各器官、系统的功能及它们间的协作不仅达到了相当高的水平，而且也越趋向或接近生理的极限。进入最佳竞技阶段的运动员，竞技能力发展的可塑空间逐渐减少，对训练负荷与手段的要求明显增加，运动成绩增长与运动损伤间的矛盾日趋突出。此时，只有依靠先进的科学理论与技术，才能使运动员各方面的潜能得以充分挖掘和最优匹配，促使运动成绩进一步提高。

5. 运动训练与其他学科的理论方法相互融合

多学科的基本理论与方法不同程度地渗透到现代运动训练科学的各个领域，从而使运动训练科学成为一门多学科交叉的综合性科学。任何一个竞技项目的发展进程中都必须与外界进行信息交流，这样不仅可以从其他项目中吸收对自己有用的训练理论与方法，也可把自己科学的训练理论与方法传递给其他的项目。以间歇训练法的推广为例，德国的中长跑教练开创了间歇训练法，后被澳大利亚的教练移植于游泳训练而大获全胜。之后，间歇训练法又被移植在划船、自行车和速度滑冰等耐力性项目的训练中。

在竞技体育发展史上，许多运动项目男子的竞技水平高于女子，设立的时间也较女子项目更早。因此，男子训练的经验为女子项目的训练提供了借鉴的可能，且这一趋势正越来越受到重视。

第二节　高校体育运动训练计划的制订

一、高校体育训练计划制订的依据

训练计划是指为了在未来训练过程中，有目的、有组织、有步骤地进行训练，而对大学生的某一训练过程或某一训练阶段所做的科学设计。训练计划的制订是教练员为使大学生达到某种目标，在训练前对未来训练过程实施训练工作的一种理论设计。这种理论设计在实践中的作用，主要体现在建立训练过程模型、提出运动训练纲领、发挥过程监督作用、提供结果评价依据。其中，建立训练过程模型着重体现在将多重嵌套的训练过程有机地联系为一个既相互独立又互为衔接的整体，使不同的训练目标、任务、内容、方法、手段、负荷、要求等内容与不同时间跨度的训练过程融入在一个直观且系统的网络之中，从而使教练员能够预测未来训练过程的基本变化和掌握运动训练各个因素的发展进程。

制订任何一份训练计划时，都需对训练计划的各项内容提出十分具体的要求。因此，它是教练员在现代运动训练过程中实施训练工作的训练纲领；利用训练计划对现代运动训练过程实施监督与调控，是提高训练效益的重要一环；运用训练计划对现代运动训练过程实施监督与调控，可以将训练过程真正置于现代运动训练的控制之下，可以随时记载下有关运动员的各类现代运动训练的信息，以便为以后训练工作的改进提供科学的依据。同时，训练计划可以帮助教练员评价训练目标与训练结果的差异性，有利于教练员正确认识训练过程的成功经验与失败教训，有利于教练员科学地调整训练计划和训练过程中的偏差，使训练结果科学地逼近训练计划的目标。显然，科学制订训练计划的意义重大。

（一） 运动训练与运动参赛工程结构

训练工程结构由训练工程规划、训练工程实施、训练工程监控三大环节构成；参赛工程结构主要由赛前竞技策划、赛中竞技实战和赛后竞技评价三大环节构成。从工程角度分析，优异运动成绩的创造就是训练工程与参赛工程综合作用的工程竣工标志。因此，必须按照工程设计、实施和监控的流程做好训练计划的设计工作。训练计划是训练工程设计的主要内容，做好训练工程的设计有助于提高训练工程实施质量、强化训练工程监控功能，从而达到建立训练过程模型、提出运动训练纲领、发挥过程监督作用、提供结果评价依据的目的，进而将专项运动发展始终置于过程有规划、实施有依据、全程有监控的工程构建模式之中。

（二） 训练工程分期与训练过程分期理论

优异成绩的获取和优秀大学生运动员的成长是一个内容复杂、周期较长的系统工程，从过程时间序列角度看：整个训练过程可以分解为单元训练（课）、日训练、周训练、阶段训练、周期训练、年训练、多年训练等不同时间跨度的训练过程，其中，每前一个过程都嵌套在后一个过程之中，每后一个过程都是若干前一个过程的有机串联。从工程工期序列角度看：整个运动训练工程中的兴趣启蒙训练、专项初级训练、专项提高训练、创造成绩训练、保持运动寿命五个训练时期，就是不同的训练工期。其中，每一工期又可分为不同时段的子期。可见，训练工程分期和训练过程分期理论，是科学制订和实施不同训练计划的重要依据。

（三） 竞技状态的形成机理

竞技状态是指运动员适时获取理想成绩的最佳状态。竞技状态表现的显著特征就是竞技能力的和谐和优异成绩的突破竞技能力是竞技状态的基础条件，竞技状态是竞技能力的和谐体现。竞技状态形成机理主要是超量恢复原理和重大赛事制度安排。因此，竞技状态呈周期变化竞技状态从获得到保持再到消退这一过程，都是周而复始循环往复地螺旋式提升。由于运动超量恢复的效果取决于负荷与恢复的作用、重大赛事制度的安排取决于赛程和规则的设计，因此，竞技能力发展进程、竞技状态出现时机与训练计划科学设计和科学实施休戚相关。由此可见，竞技状态形成机理或呈现机制，是正确制订和实施不同类型训练计划的重要原理。

(四) 竞技运动的竞赛规则

竞技运动竞赛规则是保障竞技运动训练工作符合竞技比赛要求的准则，是构建完善的竞技运动工程体系的依据——没有运动竞赛规则，竞技运动无从谈起，运动训练毫无意义。竞技运动竞赛规则的各项条款、具体内容、规则思想，不仅规定着竞赛过程的走向，而且指引着运动训练的方向。其中，竞赛规则蕴藏的竞技制胜综合规律、主导规律、突前规律、更迭规律是确定运动训练指导思想的重要依据。制胜规律主要由两个方面组成，即制胜基本因素及其相互关系。由此可见，对蕴藏在竞赛规则中的制胜规律的认识和把握，是制订运动训练计划的理论前提。

二、高校体育训练计划的类型

由于运动训练工程的工期划分、训练过程的分期和多年训练过程的细化，运动训练计划的种类相应可以分为周训练计划、阶段训练计划、周期训练计划、年训练计划、多年训练计划五种计划。其中，前一种训练计划都是依据后一种训练计划的任务和时间划分而定的。例如，一个阶段的训练计划既是周期训练计划的组成部分，也是小周训练计划制订的依据。五种训练计划的特点并不相同，一般认为，多年训练计划具有框架、稳定和远景性的特点，因此，具有训练工程规划设计特征。阶段训练计划、小周训练计划则具有现实、具体和多变性特点。应该说，不同工期或时期的训练计划具有不同任务、内容、功能与目的的特点。

(一) 多年训练计划

多年训练计划是指教练员根据多年训练过程或奥运 (全运) 周期的时间跨度，对这一训练过程 (工程) 所做的科学规划。通常，围绕奥运或全运目标的 4 年训练计划又可称为奥运周期或全运周期计划。多年训练计划具有鲜明的框架式、远景式、稳定式的特点。多年训练计划可分为全程性和区间性两类：全程性多年训练计划是指对启蒙阶段伊始直到运动寿命结束的整个过程所做出的训练规划；区间性多年训练计划是指对两年以上的某一特定训练过程所做出的训练规划。

多年训练计划主要栏目有总体目标、大学生的基本情况、全程阶段划分、各个年度目标、各年训练任务、全程负荷趋势等。其中，总体目标、年度目标、分期任务和主要对策是多年训练计划主要设计要点。

（二）年度训练计划

年度计划又称全年训练计划，是对运动队或某一运动员年度训练过程所做出的科学设计，主要用于专项提高训练阶段、创造成绩训练阶段和保持运动寿命阶段的过程设计。由于竞技水平的提高、商业赛事的安排、竞赛制度的改革，优秀选手年度训练计划的制订方式逐渐由单、双周期向多周期结构的特点演变。年度训练计划主要栏目有年度训练目标、队员状态分析、训练过程划分、各个阶段任务、过程检查指标、运动负荷趋势、基本措施要求。其中，训练目标、过程分期、阶段任务、检查指标、负荷趋势是主要设计要点。

（三）周期训练计划

周期训练计划往往蕴藏在年度训练计划之中。如有必要，可以单列一份周期训练计划。年度训练过程中，通常根据年度重大赛事数量规定训练周期的数量。由于竞技状态的表现总是周期性地呈现形成、稳定、衰退变化特点，因此，任何训练周期的过程必须划分三个阶段，即准备、竞赛、过渡阶段，又称准备期、竞赛期、过渡期。即使年度训练过程的多周期计划也应反映这种特点。通常，周期训练计划的主要栏目有周期名次目标、队员状态分析、周期阶段划分、周期训练内容、主要训练方法、过程检查指标、负荷变化趋势、基本措施要求等。其中，周期目标、周期划分、阶段任务、训练内容和检测指标是主要设计要点。

（四）阶段训练计划

阶段训练计划是指对某一周期中特定训练阶段所做出的设计。通常，阶段训练计划的时间跨度为 0.5~3 个月。当然，针对不同季节或重大赛事之前所做的计划，也可称为阶段训练计划。阶段训练计划可分为两种类型：①系统训练过程的一个有机组成部分的计划，往往具有系统性、连续性特点；②短期临时集训的计划，往往具有临时性、独立性特点。阶段训练计划的主要栏目有阶段训练任务、队员状态分析、阶段过程划分、阶段训练内容、主要训练手段、阶段检查指标、负荷变化趋势、基本措施要求等。阶段训练是周期训练计划的细化，内容较为具体。

（五）小周训练计划

小周训练计划是训练计划中重要的计划种类。小周训练计划的特点是训练任务具体、训练内容清晰、训练方法明确、负荷指标定量，并具有重复性和节奏性特征。因此，小周训练计划科学与否，是落实年度、周期和阶段计划的关键。通常，小周训练计划的主要栏目由训练任务、内容、方法、手段、负荷指标等具体内容组成。过程划分是以课为基本单位，循环链为基本结构。制订小周计划的依据是阶段计划、现实状况、小周训练类型等。

三、高校体育训练计划制订的内容

训练计划制订内容往往因训练计划类型不同而有所增减或详略。一般地说，训练计划制订内容由多个方面组成，包括计划名称、训练目标、现实状况、过程分期、训练内容、训练方法、检测项目、运动负荷、措施要求和责任标签。现以年度训练计划和阶段训练计划为例详细介绍具体内容。由于现代运动训练计划的设计格式多为图表式，因此必须注意图表的平面几何设计的要求。通常，X 坐标为时间轴，Y 坐标为内容轴。训练计划的内容轴的内容，应该随着时间轴的时间序列，逐渐精细化、变异化和综合化。其中，竞技能力的训练逐渐转入竞技状态的调试。训练计划的名称必须明确。通常，主要包括单位、运动员性别、运动级别、运动项目名称、训练计划使用的时间。

（一）训练的任务与目标

训练任务与目标是训练计划中的主要项目，此栏内容可阐述此阶段的训练指导思想。训练任务多为定性、抽象性地撰写，训练目标则应定量、具体性地体现。训练任务是训练目标确定的指南，训练目标是训练任务具体的表述。通常，训练目标分为三类，即比赛成绩目标、成绩相关指标和训练过程指标。其中，成绩相关指标主要是指与比赛成绩目标密切相关的竞技能力指标，换言之，只有运动成绩相关指标达到既定要求，运动成绩目标才有可能实现。训练过程指标是指训练过程影响运动成绩提高的高度相关指标训练过程指标通常表现为二维特征，即内容维和时序维指标。训练过程指标表达是定量化数字。训练过程指标主要是指为与运动成绩的递增高度相关的各项竞技能力发展指标。

（二）现实状态的基本诊断

现实状态基本诊断是教练员对本队和对于现实情况分析的结论，是教练员科学制订训练目标（比赛成绩目标与比赛名次目标）、运动成绩相关指标、运动训练过程指标和阶段训练任务的主要依据。现实状态诊断的内容主要为生理机能、专项素质、运动技术、运动战术、运动心理、运动智力等内容。一般来说，基础训练阶段训练计划关注的现实状态诊断内容主要是生理机能、运动素质和运动技术，训练的重点也是这些方面的内容；高级训练阶段训练计划关注的现实诊断内容主要是运动战术、运动心理和运动智力。当然，体能类项群主要关注体能诊断的内容；技能类项群除了同样关注体能诊断内容之外，更多地关注技能和心智的内容，甚至包括对手的基本情况、技术风格或战术打法等。

（三）训练的方法与手段

训练方法手段是指导教练员和运动员为完成训练任务、达到提高运动成绩的目的而采用的途径和办法。体育训练方法是教练员执教的工具，体育训练手段是运动员训练的身体练习。体育训练方法共有两大类，即运动训练的操作方法和运动训练的控制方法。运动训练的操作方法通常是指训练现场实际指导和教练的方法，运动训练的控制方法通常是指运动训练工程实施的工程控制方法。前者主要解决的是具体的现实问题；后者主要解决的是工程的控制问题，运动训练操作方法主要是分解、完整、重复、间歇、持续、变换、循环、比赛训练法等；运动训练控制方法主要是模式、程序、微机辅训法等。当然，实践中针对不同的具体问题还有相应的训练方法，如心理训练的音乐调整法、语言暗示法等，智力训练的正误对比法、引进植移法等。"立定五级蛙跳""后蹬跑"等身体练习则是练习手段。

（四）检查性比赛测验

检查性比赛测验是为了检查训练效果，科学调控训练过程，纠正训练中的偏态。设置检查性比赛测验一栏是现代运动训练计划的重要标志，也是体育训练工程科学设计和实施的主要特征，更是体育训练实施过程科学监控的主要依据。检查性比赛测验主要是指采用比赛方式测验运动员的各种竞技能力指标或竞技状态指标。这些指标可以是单因素或多因素的。但是它们必须与专项运动成绩及其发展指标高度相关。一般情况下，训练计划目标中的过程指标就是检查性比赛测验需要检查的达标指标。按照竞技能力类别的划分，这些测验指标可以是体能类、技能类或心智类的指标。因此，应该高度重视检查性比赛测验的项目设置、检查方法等。

（五）运动负荷安排说明

现代运动项目时间跨度的训练计划，通常用外部负荷指标表示负荷指标。运动负荷的安排体现运动强度与运动量度的搭配关系。阶段以上训练计划的负荷安排通常采用强度曲线、量度曲线以及竞技状态曲线表达，主要用来说明负荷强度、量度安排的趋势。

（六）运动训练的基本措施与要求

训练计划得以实现必不可少的保证是训练计划的基本措施与要求，对训练设施的要求，对训练经费的要求，对外出比赛地点及次数的要求，对大学生思想、作风、纪律的要求，对教练员诸方面的要求，对教练员的分工和医务监督的要求，对比赛对手情报收集的要求等。同时，还应考虑意外事故发生的应变措施。值得指出的是，训练计划也是一份具有合同效应的文本。为了完成规定任务，教练员必须提出解决现实问题的具体措施。训练计划一旦审议通过，主教练、领队、主管部门负责人都要在训练计划责任标签栏中签署本人姓名，以示负责。训练计划责任标签的署名，可使各方深刻认识各自的职责，以便各司其职。

第三节　高校体育运动科学化训练策略分析

一、提高体育教师综合素养

在体育运动的训练活动中，体育教师扮演着引导者和组织者这一重要角色。可以这样说，体育教师个人综合素质的高低对于体育运动训练活动开展的效果好坏有着至关重要的作用。因此，高校有必要加强教师综合素质与能力的培养，争取建设一支专业素质高、综合能力强的教师队伍，来支持高校体育运动训练活动的开展。就具体的操作措施而言，对外，高校应该坚持教练员的招聘制度，坚持对于教练员专业素质以及教学能力的高水平要求；对内，高校应该加强并有计划地展开对于在校教师的培训，以使他们能够满足当下的教学要求。只有采取这样一个开放的人才措施，高校的体育教师队伍才能得到更好的优化。除此之外，高校还应该积极引入竞争与淘汰机制，通过优胜劣汰的方法使教师产生危机感，以激励教师自觉强化自身的综合素质与教学能力。

二、加强培养学生体育精神

"体育运动训练是一个长期的过程，需要循序渐进、持之以恒，更需要有良好的体育精神来支撑。体育精神主要包括体育信念、体育情操等，运动员在进行体育运动训练的过程中所表现出来的顽强拼搏、坚韧不屈、团结协作、公平公正等精神都是一种体育精神，这些体育精神直接影响着体育运动训练的效果，需要在体育运动训练的过程中进行逐步培养。"[1] 所以，教师在进行体育运动训练活动时，不仅要对学生的技术动作进行点评指导，还要积极地加强对于学生体育精神的培养，将心理训练内容巧妙地融入教学过程中，引导学生深刻领悟体育精神，使学生能够始终以良好的心理状态参加体育运动训练，从而有效地提升学生进行体育运动训练的成果。

三、完善体育设施设备

充足完善的设施与设备能够为高校体育运动训练活动的顺利开展提供重要的硬件保障，同时也是影响学生运动损伤发生概率的重要因素。因此，高校应该积极落实体育运动训练设施设备的建设与完善工作，积极地购置更多种类的体育器材，对已经损坏的体育运动训练设施要进行及时的维修，对于已经陈旧的设施器材要做好更新与维护工作。除此之外，还可以鼓励学生积极地参与到场地设施的修缮工作之中，使学生能够在教师的带领下，对体育运动训练场地进行整改，并对体育训练设施设备进行检修。干净平整、硬度适宜的训练场地对于学生的训练效果与训练安全都十分重要，教师在体育运动训练过程中，应该尽可能地选择地面干净平整、软硬适中的场地，以避免学生出现摔伤、跌伤等运动损伤，从而为高校体育运动训练活动的开展提供良好的安全保障。

四、优化体育运动训练方法

由于高校大学生的成长环境、身体素质、性格特征、家庭背景等因素的影响，其在体育运动训练中，往往会表现出明显的差异性。因此，高校体育教师应该坚持通过因材施教

---

[1]　吕艳丽. 高校体育运动训练有效性的提升策略研究 [J]. 体育世界（学术版），2019（01）：10+5.

的方法进行教学，体育教师需要先对学生的兴趣爱好、身体素质、学习能力等情况进行全面调查与分析，然后以此为依据，来针对性地设计体育运动训练活动方案，以尽可能地发挥每一名学生的体育运动潜力，争取实现所有学生的个性化发展。另外，高校大学生往往已经具有较强的自我意识和竞争意识，教师可以积极开展具有较强竞技性的体育训练活动，这类活动可以让学生在紧张的氛围中更加容易感受到体育运动的魅力，从而促使学生迸发出更大的训练激情，进而使学生在竞技性运动训练中，逐渐形成良好的体育品质与运动习惯，进而实现学生综合素质的提升。

五、强化体育训练的管理工作

开展高校体育运动训练活动离不开好的管理来保障。就体育训练管理而言，高校应该双管齐下，从教师和学生两个方面入手：

首先，高校应该加强对学生的管理，除了要注重其体育运动训练之外，还应该加强对其文化知识教育的重视，实现文化教育与运动训练的平衡，既要提升学生的体育专项技能水平，又要努力提升学生的文化修养，只有这样学生才能实现全面发展，成为新时代的综合型人才。

其次，加强对体育教师的管理，高校应该通过多种方法来引导教师明确自身的教育训练职责，加强对教师招聘制度的完善，进一步完善教师引入标准，加强对高校体育运动训练师资队伍的优化，这样才能有效体育训练的效果。

第六章 高校体育的素质训练与协调发展

第一节 高校体育运动中力量与速度素质训练

一、高校体育运动中的力量训练

"在高校体育教学过程中，体育教师可以引导并鼓励学生使用核心力量训练的基础方法，让学生在进行核心力量训练的过程中，切实体验到核心力量训练对于增强自己身体素质、增强体育运动技能的重要作用，以增加学生对于核心力量训练的兴趣与认同感，促使学生积极主动地参与到体育运动中，并将核心力量训练运用于体育运动实践中。"[①]

（一）力量训练的方法

1. 发展最大力量

（1）巴罗加式极限强度负重训练法。巴罗加式极限强度负重训练法主要是通过极限强度负荷提高对肌体神经系统的刺激作用，适用于高水平运动员的力量训练，有利于提高相对力量。训练方式的选择，主要取决于运动员的练习效果。

（2）阶梯式极限强度负重法（保加利亚"循序渐进"训练法）。阶梯式极限强度负重法主要用于精英运动员的最大力量训练。超过一天的最大体重，再分两组减 10kg，再分两组减 10kg，然后开始增重至当天最大体重，最终减量。

（3）静力性训练法。静力性力量训练法曾被广泛应用，后来逐渐减少。静力收缩对肌肉耐力作用效果不明显，但对发展最大力量有积极的作用。静力性训练有三种方式：①在

---

① 吕艳丽. 高校体育教学中核心力量训练的运用现状与方法研究 [J]. 当代体育科技，2019，9（36）：15-16.

某一关节角度，承受高于运动员本人潜力的重量；②针对特制的固定物用力推、顶、拉；③一侧肢体用力，另一侧肢体相抵。

进行静力性最大力量的训练时，优秀运动员的训练强度为最大力量的80%~100%，收缩持续最长时间为12s。初学者和未经过专门训练的运动员应以较小的刺激强度和6~9s的持续收缩时间进行练习。此外，停止静力性力量训练后，经训练所获得的最大肌肉力量大约在30周以内可完全消失。若每6周进行一次训练，肌力下降趋势缓慢，需60周以后才会完全消失。

（4）电刺激力量训练法。电刺激力量训练法是一种新的"非负荷"性的最大力量训练方法。用这种方法两周后，可增加肌力20%左右，尤其在训练后紧接着进行电刺激，效果更好。

2. 发展速度力量

速度力量的决定因素是肌肉收缩速度。许多运动项目都是在快速节奏或爆发用力的情况下完成的。

（1）爆发力的训练。爆发强度是在短时间内以最大加速度克服阻力的能力。打击的力量由参与活动的所有肌肉群的联合动作决定。爆发力是决定速度力大小的因素，爆发力的增加取决于最大能量水平的发展。如果没有充分发挥最大爆发力，爆发力也不会达到很高的水平。爆发力训练方法适合爆发力发展。爆发力训练的一个重要方面是训练中使用的主要冲动，这与进行的锻炼类型和力量大小密切相关。例如，在跑步时，运动员的腿部力量冲动是其体重的3.5倍。爆发力训练的主要动机是加速。在非间歇运动（例如跳远、投掷）中，爆发力是取得好成绩的关键因素。在间歇性事件（例如，快速运行）的情况下，爆炸会快速重复。因此，应根据每个项目的特点制定爆发力。

大多数发展爆发力的方法都涉及快速努力和等长练习。快速加载方法由两种训练模式组成，具体如下：

第一，中等强度速度力量法。中等强度速度力量法的特点是70%~85%强度，最大速度训练4~6组，每组重复3~6次。这种方法对提高肌肉力量的爆发效率极为有效。爆发式发展值得特别关注。在田径、体操、击剑、水肺潜水和所有分体式运动（如排球）中的投掷和跳跃中，爆发的力量直接影响运动表现。因此，这种方法可用于提高爆发力。

第二，快速低强度力量法。快速低强度力量法的特点是采用30%~60%的强度，3~6组练习，每组5~10次，使爆发力训练有针对性的发展，使练习的结构以及如何以最具竞争力的方式锻炼肌肉速度力量法的原理是速度的增加是优化的标志。快速加载方法对于培养运动员的速度感知和传播快速运动反应非常有用。等长训练法，又称超长训练法，实际上是一种将撤退训练和约束训练相结合的训练方法。在超等长运动中，肌肉先工作，会拉伸很多。这次训练的目的是将纯粹的能量转化为爆发性的能量。生理机制是当肌肉以收缩方式工作时的拉伸反射。肌肉被拉伸到超出其自然长度。这会产生伸长反射，可以产生更有限的收缩以形成有效的井喷。发展爆发力的等距练习方法和内容包括纵跳、蛙跳、连续步等各种跳跃练习，包括跳过围栏多级跳跃、全速跳跃等练习，可以根据每个运动员的具体训练要求和条件进行选择。

（2）反应力的训练。反应力是指运动中的人体快速制动并以很大加速度向相反方向运动的能力。当人体运动时，肌肉链会减慢人体运动的速度。这导致反射性拉伸。在非标准的威慑距离下，活动肌肉被拉伸，肌肉在加速路径中迅速收缩和缩短。因此，收缩反应模式是主动肌肉伸展和收缩循环的一种形式。

反应力有两种主要类型：一种是跳跃为主的弹跳反应力；另一种是以击打、鞭打、踢踹为主的击打反应力，两种收缩形式的区别在于各种刺激之间的关系。在典型的深度跳跃响应模型中。伸展是因为正在减慢向下运动的身体受到重力的推动。人们通常将其称为等长运动。肌肉拉伸是由相反肌肉的力量引起的。这种拉伸的肌肉不起作用。因此，伸展和收缩的循环比深跳要慢得多。

（二）力量训练的内容

1. 肩部力量训练

（1）胸前推举。

方法：两手持铃将杠铃翻起至胸部，然后立刻上推过头顶，再屈臂将杠铃放下置于胸部，再上推过头顶，反复练习。

作用：主要发展三角肌侧前部肌肉，以及斜方肌、前锯肌、肱三头肌力量。

（2）颈后推举。

方法：站直，打开肩膀向后举起杠铃。然后将杠铃滑到脖子后面，直到手臂伸直，重复这个过程；可以在锻炼时坐着，或者使用宽握或紧握。

作用：基本同胸前推举。

（3）翻铃坐推。

方法：同时握住身体前方的杠铃，用双手降低胸部。用双手将杠铃稍微举过头顶，然后轻轻地降低脖子后面的杠铃，将杠铃从脖子后面、头后面推，然后慢慢将杠铃推到身体前方的下胸。

作用：主要发展三角肌群和斜方肌力量。

（4）两臂前上举。

方法：两手正握杠铃，与肩同宽。向上提起杠铃至头顶高举。上举时肘关节外展，杠铃始终保持在距脸部 30cm 处。

作用：主要发展三角肌侧部力量。

（5）直臂前上举。

方法：两脚自然分开，身体直立，两臂下垂同肩宽持铃，直臂向上举起杠铃。也可用哑铃或杠铃片进行练习。

作用：主要发展三角肌前部、斜方肌、前锯肌、胸大肌力量。

（6）持铃侧上举。

方法：两脚分开，自然站立，两手持哑铃（或杠铃片）置于肩部，上举过头后，两臂慢慢展开，掌心向下成侧平举。

作用：主要发展三角肌前侧部及斜方肌、前锯肌力量。

（7）快推。

方法：两脚左右开立，两手持哑铃置肩部，两手交替快速向上推举或同时上推。

作用：主要发展三角肌、斜方肌力量。

（8）直臂绕环。

方法：身体直立，两臂下垂持哑铃或杠铃片，做胸前直臂绕环，也可做仰卧直臂绕环。

作用：主要发展肩关节周围肌肉力量。

2. 臂部力量训练

（1）上臂力量训练。

第一，颈后臂屈伸。

方法：身体直立，两臂上举反握杠铃（也可正握，但反握比正握效果好），握距同肩宽，做颈后臂屈伸动作。

作用：主要发展肱三头肌力量。

第二，颈后伸臂。

方法：一腿在后直立，一腿在前。两手各握拉力器一端置颈后，两肘外展，两臂用力前伸使两臂伸直。

作用：主要发展肱三头肌上部和外侧部力量。

第三，弯举。

方法：身体直立，反握杠铃，握距同肩宽，屈前臂将杠铃举至胸前。可坐着练习，也可用哑铃等器械练习。

作用：主要发展肱二头肌、肱肌、肱桡肌等力量。此外，也可采用仰卧弯举、肘固定弯举、斜板哑铃弯举进行练习。

第四，双臂屈伸。

方法：不负重或脚上挂重物，捆上沙护腿、穿上沙衣等，在间距较窄的双杠上做双臂屈伸。

作用：主要发展肱三头肌、胸大肌、背阔肌力量。

（2）前臂力量训练。前臂力量训练主要采用少组数（3～5组），多次数（16次以上），组与组之间间歇很短的练习方法。

第一，腕屈伸。

方法：身体直立，两手反握或正握杠铃做腕屈伸，前臂固定在膝上或凳子上，腕屈伸至最高点，稍停顿，再还原。

作用：主要发展手腕和前臂屈手肌群和伸手肌群力量。

第二，旋腕练习。

方法：身体直立，两臂前平举，反握或正握横杠，用屈腕和伸腕力量卷起重物。

作用：主要发展前臂屈手肌群和伸手肌群力量。

3. 胸部力量训练

（1）颈上卧推。

方法：仰卧于卧推架上，可采用宽、中、窄三种握距，手持杠铃或哑铃，先屈臂将其放于颈根部，两肘尽量外展，将杠铃推起至两臂完全伸直。

作用：主要发展胸大肌上部、肱三头肌和三角肌力量。

（2）斜板卧推。

方法：仰卧在倾斜的板上，慢慢将杠铃降低到胸部中央，保持肘部与身体成90°角。然后快速有力地举起杠铃。然后以恒定的节奏重复练习。这个动作可以用哑铃练习。

作用：主要发展胸大肌下部、肱三头肌和三角肌力量。

（3）仰卧扩胸（飞鸟）。

方法：仰卧在练习凳上，两手各执一哑铃做向体侧放低与上举动作，可稍屈肘，充分扩胸；上举时臂伸直。

作用：主要发展胸大肌、三角肌和前锯肌力量。

（4）直臂扩胸。

方法：身体直立，两手各持一个哑铃或杠铃片，先直臂向胸前与肩关节成水平位置举起，然后直臂向两侧充分扩胸。

作用：向前主要发展胸大肌、三角肌前部和前锯肌力量；向后主要发展背阔肌、三角肌后部和斜方肌力量。

（5）直臂侧下压。

方法：两臂侧上举各握住一拉力器，然后用胸大肌和背阔肌力量做直臂侧下压，反复练习。

作用：主要发展胸大肌、背阔肌力量。

（6）宽撑双杠。

方法：降低下颌，弯曲背部，脚趾向前。双手放在一个宽大的平行杠上，看着脚趾。弯曲手臂以降低身体。然后将双臂向两侧展开以支撑身体。弯曲手臂，尽量降低自己。

作用：主要发展胸大肌下部、外部肌肉，以及肱三头肌、三角肌、前锯肌力量。

（7）俯卧撑。

方法：在平坦的地板或腹肌上做俯卧撑，双臂分开与肩同宽，然后弯曲手臂，将躯干降到最低。伸出双臂支撑身体，伸展手臂时挤压肘部，并向上和向下伸直身体。

作用：主要发展胸大肌、肱三头肌、三角肌及前锯肌力量。

4. 腹部力量训练

（1）仰卧起坐。

方法：仰卧凳上或斜板上，两足固定，两手抱头，然后屈上体坐起，再还原，反复进行。

作用：主要发展腹直肌、髂腰肌力量。

（2）半仰卧起坐。

方法：躺在地板上或运动。双手握住哑铃放在脑后。弯曲膝盖时，上半身向前向上滚动。练习时，请记住，上半身抬起时，下背部和臀部不能抬离地板或长凳。深吸一口气，放松并呼气，两次收缩之间暂停 2s。还可以将重量放在上胸部以进行更多训练。

作用：主要发展腹直肌上部力量。

（3）蛙式仰卧起坐。

方法：仰卧垫上，两脚掌靠拢，两膝分开，两手置头后，向上抬头，使腹肌处于紧张收缩状态，2s 后还原重新开始。

作用：主要发展腹直肌力量。

（4）仰卧举腿。

方法：卧仰在斜板上，两手置于身体两侧握住斜板，然后两腿伸直或稍屈向上举至垂直。

作用：主要发展腹直肌、髂腰肌力量。

（5）悬垂举腿。

方法：两手同肩宽，上举握住单杠，身体悬垂，然后两腿伸直或稍屈向上举至水平位置，反复练习。

作用：同仰卧举腿。

（6）仰卧侧提腿。

方法：仰卧垫上，然后侧提右膝碰右肘，触肘后停 1s。然后侧提左膝碰左肘，反复练习。

作用：主要发展腹内、外斜肌力量。

（7）屈膝举腿。

方法：屈膝，两踝交叉，两掌心朝下放在臀侧，仰卧垫上，然后朝胸的方向举腿，直到两膝收至胸上方，还原后重新开始。

作用：主要发展腹直肌下部力量。

（8）举腿绕环。

方法：背靠肋木，两手上举正握肋木悬垂，两腿并拢向左右两侧轮换举腿绕环，反复进行。

作用：主要发展腹直肌、腹内外斜肌力量。

5. 背部力量训练

（1）高翻。

方法：两脚站距约同肩宽，双手正握杠铃，握距同肩宽，将杠铃提起至大腿中下部迅速发力，翻举至胸部，还原后再反复练习。

作用：主要发展背阔肌、斜方肌、骶棘肌力量。

（2）持铃耸肩。

方法：身体直立，正握杠铃，然后以肩部斜方肌的收缩力，使两肩胛向上耸起（肩峰几乎触及耳朵），直至不能再高时为止。

作用：主要发展斜方肌力量。

（3）俯立划船。

方法：上体前屈90°，抬头，正握杠铃。然后两臂从垂直姿势开始，屈臂将杠铃拉近小腹后还原，再重新开始。

作用：主要发展背阔肌上、中部以及斜方肌、三角肌力量。

（4）俯卧上拉。

方法：俯卧练习凳上，两臂悬空持杠铃，两臂同时将杠铃向上提起，稍停，再还原，反复进行。

作用：主要发展背阔肌、斜方肌、三角肌力量。

（5）直腿硬拉。

方法：直腿站立。躯干向前弯曲，腰部挺直，手臂伸直，用宽握或窄握握住杠铃。然后伸直臀部，挺直身体，举起杠铃，直到身体伸直。重新开始后，每组训练2~5次。

作用：主要发展、背阔肌、斜方肌、臀大肌以及股二头肌、半腱肌、半膜肌、大收肌等伸展躯干和伸髋的肌肉力量。

（6）颈后宽引体向上。

方法：宽握距正握横杠悬空，然后迅猛地将身体拉起，直到颈背部高过横杠，反复练习。

作用：主要发展背阔肌、斜方肌、冈下肌、小圆肌、大圆肌、肱肌力量。

（7）直臂前下压。

方法：与直臂前上举相反，两臂前上举握住拉力器，做直臂前下压，反复练习。

作用：主要发展背阔肌、三角肌后部及胸大肌力量。

6. 腰部力量训练

（1）山羊挺身。

方法：仰卧躺在山羊（或马）上，双脚弯曲在肋骨之间。用手将杠铃或杠铃锁在脖子后面。身体前倾并站立，也可以仰卧在长凳上，双腿锁定以保持直立姿势。

作用：主要发展伸展躯干和伸髋的肌肉力量。

（2）负重弓身。

方法：双手握住杠铃放在颈后。站直，双脚分开与肩同宽，腰和腿向上伸展。慢慢向前倾斜上半身。向后摆动臀部（像弓一样）以保持躯干高度，然后伸直身体。可以伸直双腿或将双腿弯曲成弓形。

作用：主要发展骶棘肌、斜方肌、臀大肌、股二头肌、半腱肌、半膜肌、大收肌力量。

（3）负重体侧屈。

方法：身体直立，两腿开立约与肩宽，肩负杠铃做左右体侧屈。练习时速度不宜太快，反复进行。

作用：主要发展骶棘肌、斜方肌、臀大肌、股二头肌、半腱肌、半膜肌、大收肌力量。

（4）俯卧两头起。

方法：俯卧在垫子或长凳上，两臂前伸，两腿并拢伸直。两臂和两腿同时向上抬起，腹部与坐垫成背弓状，然后积极还原。

作用：主要发展伸展躯干和伸髋的肌肉力量。

7. 腿部力量训练

（1）颈后深蹲。

方法：上体正直，挺胸别腰，抬头，两手握杠将杠铃置于颈后肩上。做动作时保持腰背挺直，抬头收腹，平稳屈膝下蹲。

作用：除主要发展股四头肌、股二头肌、臀大肌力量外，还能有效地发展伸髋肌群力量。

（2）胸前深蹲。

方法：上体正直，挺胸别腰，抬头，两手握杠将杠铃放置两肩胛和锁骨上，平稳屈膝下蹲。其余要领同颈后深蹲。

作用：基本同颈后深蹲，但前蹲由于胸部所受的压力较大，因此能更有效地发展伸膝肌群和躯干伸肌的力量。

（3）半蹲。

方法：正握杠铃于颈后肩上，挺胸别腰，屈膝下蹲近水平位置时，随即伸腿起立。其余要领同颈后深蹲。

作用：发展伸膝肌群力量与躯干支撑力量，特别是股四头肌的外、内侧肌，股后肌群和小腿三头肌。

（4）半静蹲。

方法：颈后或胸前持铃屈膝下蹲至大腿水平部位，保持这个姿势不动，或做好半蹲姿势对抗不动物体，静止 6~12s。也可根据动作结构和需要，换不同角度来做。

作用：主要发展伸膝肌群力量和躯干支撑力量。

（5）腿举。

方法：仰卧于升降练习架下，两脚蹬住练习架做腿屈伸动作。练习时可采用不同的速度（快、中、慢）和两脚间距（可膝脚靠拢，也可分开）进行。

作用：主要发展股四头肌、臀大肌、股二头肌、半腱肌、半膜肌、大收肌、小腿三头肌和屈足肌群力量。

（6）负重伸小腿。

方法：坐在练习器的一端。用双手抓住大腿两侧。股四头肌收缩将腓肠肌斜向上拉。拉伸小腿时，上身略微向后倾斜，以尽可能伸展双腿。双腿完全伸展后，保持 2s，然后放松，重新开始。

作用：主要发展大腿前部肌群力量。

8. 全身力量训练

（1）窄上拉。

方法：与肩同宽站立。在单杠附近，双臂放松与肩同宽，深蹲、深蹲和提铃在杠铃抬高到大腿中部和小腿中部时保持胸部和腰部。整个人顿时显出力气，臀部，双腿伸直，脚后跟，手肘抬起。

作用：主要发展骶棘肌、斜方肌、前锯肌、臀大肌、股二头肌、半腱肌、半膜肌、大收肌、股四头肌、三角肌、肱肌、小腿三头肌、屈足肌群力量。

（2）宽上拉。

方法：宽握距握杠，预备姿势同窄上拉，当杠铃上拉到大腿中上部时，迅速做出蹬腿、伸髋、展体、耸肩、提肘、起踵动作。宽上拉也包括膝上拉、悬吊式上拉、直腿拉、宽硬拉等多种做法。

作用：基本同窄上拉。

（3）高抓。

方法：强力保持技术由四个部分组成：准备、提铃、力量和蹲下支撑。准备，然后举起铃铛，将它拉到与力一样宽的地方。半蹲支撑从举重开始。在这一点上用力时肘部向上杠铃将惰性移动，腿将自由移动。身体在单杠和头顶上下降时的钟声。摆动前臂，肘部形成一个"轴"，以支撑头顶上方的肩部。

作用：主要发展伸膝、伸髋、伸展躯干及肩带肌群力量，并能有效地发展爆发力。

（4）箭步抓。

方法：预备姿势、提铃、发力同宽拉。在发力即将结束时，做前后箭步分腿，与此同时，将杠铃提拉过头顶，伸直两臂做锁肩支撑。

作用：基本同高抓并能有效发展爆发力。

（5）挺举。

方法：挺举由两部分组成：将铃铛举到胸前和提起。深蹲技术通常用于将重举到胸部。这些包括准备、举铃、力量训练、蹲起和起立，不包括蹲起和起立。前三个部分就像紧绷的引体向上。深蹲是当杠铃升高到腰带高度时。双腿主动向两侧伸展。膝盖弯曲，肘部同时弯曲，肘部以肩膀为"轴"旋转，将杠铃抬至胸部，靠在锁骨和肩膀上。

作用：提铃部分主要发展各相应部位的肌肉。同时也会发展全身协调用力及爆发力。

（6）高翻。

方法：将杠铃从地面提至胸部，提铃至胸时下蹲高度为半蹲，其他要领基本同挺举下蹲翻。

作用：基本同挺举提铃部分。

（7）箭步翻。

方法：与推力基本相同。除了较窄的方法，即臀部向前和向后推动小腿。杠铃绕胸部旋转站立：先伸直前腿，然后拉半步，再向前拉后腿。在水平线上彼此平行站立并重复练习。

作用：基本同挺举提铃部分。

（8）高翻借力推。

方法：用高空翻将杠铃抬到胸前。然后坐下，然后用力将杠铃推到手臂正上方的位置。要求把杠铃抬到脸上，收紧胸部和腰部。

作用：此练习若在练习架上做则主要发展上肢力量，作用同上挺部分；若提铃至胸后再做这个练习，作用基本同挺举。

二、高校体育运动中的速度训练

速度是运动员的基本素质之一，在他们的体能训练中起着重要的作用。一些运动（例如 100 米短跑）是比运动员的速度。虽然有些体育赛事的速度并不比速度快，但速度也对运动表现有直接影响。

（一）速度训练的方法

1. 反应速度训练

反应速度主要利用各种信号（枪声、掌声、口令等声响）刺激练习者，使其做出快速反应来实现。其练习的基本方法有以下方面：

（1）信号反应训练。信号反应训练对各种信号做出反应动作，这种方法适合于短跑项目及初学者。

（2）运动感觉反应训练。运动感觉反应训练是一种心理训练方法，通过提高时间感知能力，进而提高反应能力，此法适合于中长跑项目，其具体步骤为：①对信号快速做出应答后，由教练员告知反应时间；②对信号快速做出应答后，教练员要求运动员自己报出估计的时间，然后教练员再告诉其准确时间，核对其误差；③要求运动员按事先确定的时间完成动作或跑完一定的距离。

（3）选择性信号反应训练。选择性信号反应训练要求运动员按事先确定的信号做出正确的选择，或按相反口令、相反动作完成选择性的反应训练。

2. 动作速度训练

（1）重复法。规定最大速度指数的重复方法。在移动速度训练中显示最大速度指数，并且一些运动练习是强制性的重复，例如快速重复的轻杠铃推举。用哑铃重量重复跳跃，同时保持正确的运动，一次又一次地快速跳跃。重复短距离跑步，使用各种沉重的金属器进行最后的快速重掷。

变化训练程序的重复法。变化训练的程序是指在横移速度训练中适当改变速度和加速度，并以适当的比例与程序相结合。虽然在一定的最大速度下进行训练是提高运动速度的重要因素，但重复如此，它创造了一个动态的固定模式。因此，在最高速度指标和重复练习时，训练计划按一定的方式变化，使运动员对练习的速度变得陌生，以培养更好的移动速度。

（2）比赛训练法。比赛训练法是指在竞争条件和要求下，营造竞争氛围和环境的开放式训练方式。显然，在使用比赛训练法来训练动作速度时。练习者的心理和情感不同于其他训练方法。大多数修炼者都表现出高度的情绪和兴奋。使用竞技训练方法会显著增加运动前的人体血糖和乳酸水平。这有助于身体更好地运作。兴奋也会对交感神经系统产生影响，延迟疲劳的发生，这使人体能够成功地以高强度速度进行训练。在比赛训练法中，神经系统处于非常温和的兴奋状态，这有助于发挥交换兴奋和抑制神经过程的能力。

（3）游戏法。游戏法是指采用游戏的形式进行速度训练的一种方法。"速度障碍"是由于在速度训练时反复进行某一动作的训练。这种多次重复的训练形成动作的动力定型，使动作的各种指标比较稳定。使之在动作的空间特征和时间特征上，如动作的幅度、方向，动作的速度和频率都相对稳定，形成所谓的"速度障碍"。防止"速度障碍"的形成，要突出速度力量的训练，采用多种训练手段，如游戏、球类等活动。

（二）速度训练的内容

1. 原地快速高抬腿跑训练

方法：直立于一平坦的场地上，原地两腿交替做快速高抬腿跑 10~30s。

作用：发展动作速度和移动速度。

要求：高重心、高频率，两臂配合摆动，以尽可能快的速度抬起。

2. 快速蹲起训练

方法：练习者全部蹲下，听信号快速蹲起。

作用：发展反应速度和动作速度。

要求：尽可能快蹲起。

3. 快速站起训练

方法：仰卧草坪或垫上，当有信号发出后，两手撑地，快速站起，多次重复。

作用：发展反应速度和动作速度。

要求：动作完成要快速、连贯。

4. 快速"两头起"训练

方法：练习者俯卧草坪或垫子上，听信号后立即向上抬臂、抬头、挺胸、双腿后上举，呈"两头起"。

作用：发展动作速度和腹肌力量。

要求：上体和腿两头快速抬起。

5. 快速体前屈训练

方法：仰卧草坪或垫上，听信号后上体前屈，两臂前伸，胸贴近大腿呈快速体前屈。

作用：发展动作速度和腰腹肌力量。

要求：上体快速抬起。

6. 仰卧高抬腿训练

方法：仰卧草坪或垫上，听信号后快速高抬腿，每组 15~30 个，多次重复。

作用：发展移动速度和动作速度。

要求：高抬腿时动作要快，足尖勾起。

7. 对号追击训练

方法：练习者两队相距 1~2m，事先预定一队为奇数号，另一队为偶数号，教练员任意喊"1"号，喊到者逃跑，另一队追击，在练习中可改变号。

作用：发展和提高反应速度和动作速度。

要求：全神贯注听号选择追击与逃跑，训练快速反应、判断能力。

8. 快速起训练

方法：仰卧，抬头平视，听信号后，快速蹲起或跳起。

作用：发展反应速度和动作速度。

要求：快速从俯卧状成起立姿势。

9. 节奏跳训练

方法：练习者站于沙坑中或草坪地上，按口令一、二或一、二、三的最后一个节拍时用力高跳起。

作用：发展动作速度和下肢快速力量。

要求：前脚掌着地，蹬地要快，最后一个节拍时用力。

10. 转身跑训练

方法：练习者在向前跑进中，听口令转身 90°、180°、360°的各种转身跑。

作用：发展反应速度和动作速度。

要求：听口令后迅速转身。

11. 单臂支撑起跑

方法：单臂支撑做好起跑的预备姿势，听信号后，身体向左或右转体 180°，迅速跑去。

作用：发展反应速度和动作速度。

要求：控制好跑进方向和身体平衡。

12. 变向跑

方法：练习者在向前跑进中，听到事先规定好的信号后，改变跑进方向。

作用：发展反应速度和动作速度。

要求：练习者快速做出反应。

第二节 高校体育运动中耐力与柔韧素质训练

一、高校体育运动中的耐力训练

耐力是指生物体长时间工作以克服工作时的疲劳的能力。它是运动员身体素质的关键指标之一，任何运动都需要恒定的耐力水平。对于一些运动，如中长跑和竞走等田径技术水平和比赛成绩的提高通常取决于耐力水平的提高。"高校体育教学中耐力素质训练是一项重要的组成部分，通过进行耐力素质训练，对于身体素质的提高具有积极意义。"[①]

（一）耐力训练的方法

1. 间歇训练法

间歇训练法对速度耐力和短跑耐力水平影响较大。周期性的方法包括所有的休息方法，如慢跑或步行。但放松练习也是其中的一部分。当心率恢复到 120～130 次/min 时，开始下一个锻炼。这是因为间歇训练法是运动员身体无法完全恢复时的下一个练习，它对身体有以下影响：

（1）有效提高人体每分钟的生产力，增加心肌收缩力和心输出量。

（2）有效改善人体的呼吸功能，尤其是最高的摄氧量。

（3）适用于压力时间相对较长、压力强度相对较低的长跑或中长距离跑。间歇性运动方法可以有效提高有氧消化能力和糖原的有氧耐力水平。

（4）适用于负重时间相对较短、强度相对较高的中距离跑步，有时也适用于较长时间的跑步。

---

① 孙玮. 高校体育训练中如何提高耐力素质 [J]. 当代体育科技，2020，10（12）：28+30.

2. 持续负荷法

许多耐力运动（例如划船、游泳、骑自行车、中长跑等）经常采用连续负重的方式进行越野训练，并产生很好的效果（例如使用短跑）。通过变速训练，可以在运动中逐渐提高速度，例如，可以以较慢的速度覆盖前1/3的距离，然后可以将速度提高到略低于中等强度的水平，并且可以以中等强度速度覆盖最后1/3的距离。此外，强度可以从中间到第二高水平连续变化。例如，每1~10分钟最大运动强度后，可以交替进行中级运动，以确保在下一次增加负荷前身体稍有调整，以最高速度心率可达到约180次/分钟，恢复时间减少至约140次/分钟。脉动波状强度的交替排列对于负重训练很有用，能有效改善心脏和中枢神经系统的机能。

3. 重复训练法

重复训练法是指以给定的距离、持续时间和重量强度重复锻炼的方法。在不改变动作结构和有效载荷体积的情况下，这种训练方法的主要作用是提高无氧代谢的短跑运动员的耐力水平和混合代谢的中级跑者的耐力水平。

200m、400m等短距离长跑，可以有效地发展和提高乳酸动力供应系统的水平。由于项目对高速耐久的要求，即使在长距离（300~500m）反复跑一段时，身体也会产生负氧量。

中距离比赛中的短距离比赛，如800m比赛，无氧代谢的比例较高。跑步时更多的氧量。因此，在500~150m内重复，不仅可以提高身体对缺氧的耐受性，还可以增加大量乳酸的积累。

长跑训练负荷高。每分钟的氧气含量和循环系统必须充分调动。因为长时间的循环和呼吸系统有时间克服惯性，逐渐提高工作水平，所以通过反复长跑，可以提高循环和呼吸系统的机能水平。

重复训练法是比赛期间训练的主要方法，并且主要在比赛开始时使用。根据运动员的实际情况，刺激的量和刺激的强度可以在一定范围内变化。但一般情况下，刺激量和刺激强度是相对恒定的。

重复训练法的一个特点是在运动时间内心率恢复到100~120次/min时进行下一个运动，运动距离运动重量和动作有明显的特点。

4. 循环训练法

循环训练是基于特定训练任务建立多个或多个练习"站"的目标。每个"站"包含一个或多个与一般耐力发展相关的链接。为使运动员能够遵循给定的顺序和路线，为每个站设置的练习次数、方法和要求每个站进行一个训练，可以进行一周或数周。这是因为循环训练中下一站的锻炼是在上一站的锻炼对身体的刺激上留下了"痕迹"的基础上进行的。从第二次练习到站立，每个站的锻炼量几乎超过了前一站的负荷。因此，心血管训练对循环系统和全身功能的改善和发展有很大的影响。

5. 高原训练法

高原训练法是指在海拔较高、空气中含氧量较低的高原地区进行训练。比如我国在青海多巴、云南昆明等地都有高原培训基地。2 000m 左右的海拔高度可以培养运动员的有氧代谢能力，提高运动员到达高原后刻苦训练和参加激烈比赛的能力。

高原训练期间，因为高原空气中的含氧量比平原少，这增加了对身体心血管和呼吸系统的需求，提高运动员在训练和适应过程中的通气和呼吸效率，这促进了呼吸和循环的功能。

高原训练后运动员血液中的红细胞和血红蛋白会增加。这增加了身体向血液输送氧气的能力，同时扩张和增厚肌肉的毛细血管。因此，它大大改善了肌肉细胞的能量代谢和有氧能量供应。

（二）耐力训练的内容

1. 持续慢跑训练

方法：练习者采用较慢速度持续跑较长的距离，发展有氧耐力。跑的速度、距离、重复次数等应根据练习目的确定。

作用：发展一般耐力，提高有氧供能能力。

要求：在持续慢跑时，心率每分钟应达到 150 次左右为宜，以发展练习者的一般耐力。

2. 重复跑训练

方法：固定跑的距离，多次重复，进行该段距离的跑，重复跑时的速度、距离、重复次数等应根据练习目的和练习者的具体情况而定。

作用：发展专项耐力和一般耐力，提高无氧代谢能力水平。

要求：每次练习之间的间歇时间以心率恢复到 100～120 次/min 为限，再进行下一次练习。

3. 变速跑训练

方法：是一种按一定距离变换速度的跑法。在跑的过程中，用中等速度跑一段距离后，再以较慢速度跑一段距离。

作用：发展有氧和无氧代谢能力，提高一般耐力和专项耐力水平。

要求：中速跑与慢速跑交替进行相同的距离或中速跑的距离较慢速跑稍短一些，变速的交替次数依练习目的而定。

4. 间歇跑训练

方法：练习者采用快跑一段距离后，再慢跑或走一段距离的中途有间歇的跑法。跑的速度、距离与间歇时采用慢跑或走以及练习的次数，应根据练习目的而定。

作用：发展专项耐力水平。

要求：快跑的速度应使脉搏达到每分钟 170~180 次，中间间歇；慢跑或走时，使脉搏应控制在每分钟 120 次左右时再重复下一次练习。

5. 越野跑训练

方法：可采用个人或结伴的形式，进行距离较长，强度较小的在野外自然环境中的跑步，在跑步中应保持正确的跑的姿势，充分利用野外的上坡、下坡等地，进行跑的练习以发展一般耐力水平。

作用：发展一般耐力水平，提高有氧代谢能力。

要求：越野跑时应穿软底鞋，跑的距离及时间根据个人特点和练习目的确定，跑的过程中脉搏应保持在每分钟 150 次左右。

6. 追逐跑训练

方法：在田径场或自然环境中，采用多人相互追逐的跑。追逐时间可选择一定的距离追逐，然后再慢跑或走，反复追逐。追逐跑的距离、速度根据练习的目的而定。

作用：发展速度耐力、无氧与有氧代谢水平。

要求：同伴之间相互保持 5~10m 的距离，用中等或较快的速度追逐对方，慢跑时应使脉搏不低于每分钟 100 次左右。

7. 匀速持续跑训练

方法：采用中等速度持续跑较长或一定的距离，在跑的整个过程中，保持一定的速度，用匀速跑完练习规定的距离。

作用：发展专项耐力水平，提高混合代谢能力。

要求：速度达到中等速度，心率保持在每分钟 150 次左右，以匀速持续跑一定的距离。

二、高校体育运动中的柔韧性训练

柔韧性是指不同关节的运动范围，人体的弹性和肌肉、肌腱、韧带等软组织的弹性。弹性有两层含义：①关节活动范围的大小；②软组织的柔韧性，如肌肉、肌腱和韧带，使关节扩张。关节的运动范围很大程度上取决于关节本身的装置结构。跨越关节的肌肉、肌腱和韧带等软组织的柔韧性在很大程度上是通过适当的训练实现的。

灵活性在运动中非常重要，它是有效技术改进的必要基础。也是保证体育技术水平提高的根本因素之一。当弹性不好时，学习运动技能的过程会立即减慢并变得更加复杂，并且通常不可能学习一些非常重要的技术来完成比赛。关节灵活性差会限制力量、速度和协调性的发挥。降低肌肉协调性、出汗并影响其他运动素质的发展，并且通常是肌肉和韧带损伤的原因。

（一）柔韧性训练的方法

1. 静力拉伸运动法

静态拉伸运动被定义为通过缓慢运动使软组织（例如肌肉和韧带）拉伸到一定程度的运动。并且锻炼方法保持冷静，静态拉伸的一个重要特点是它可以长时间刺激肌肉和肌腱的伸展。

进行静态拉伸运动时，肌肉和软组织都有一定程度的拉伸。保持静止的时间一般为8~10s，重复次数为8~10次。伸展运动对肌肉和肌腱灵活性的发展有积极的影响，并且是培养弹性的主要方法。静态拉伸运动强度偏低，运动范围很大，这有助于保持身体的力量，并且可以轻松操作，不需要特殊的健身房和其他训练设备。

静态伸展运动有两种形式：主动伸展和被动伸展。主动拉伸法是指练习者主动进行所有练习的方法，常用的单项或多项练习、摆动或静止练习、负重和非负重练习，在各种条件下保持稳定姿势的静态练习。被动拉伸是一种使用外力（例如设备、辅助设备、重量等）的移动性锻炼。

2. 动力拉伸运动法

动态伸展运动法是指有节奏地、快速地将同一事物重复多次的伸展运动法。动态拉伸运动法的主要特点是在主动拉伸中，肌肉力量变化的最大值约为静态拉伸的两倍。动态拉伸是其他方法之一。在练习弯曲和伸展运动等各种运动时使用，结合个人属性的挥杆练习和柔韧性练习。

动态伸展运动可以触发牵张反射，这可以改善运动区域肌肉群的伸展和收缩。动态拉伸可以增加运动过程中的血流量，改善肌肉、肌腱和其他局部组织的营养，这将有助于提高肌肉灵活性和性能结果。

（二）柔韧性训练的内容

1. 肩部柔韧训练

（1）压肩。

腿站立，体前屈，两手扶同髋高的肋木或跳马，挺胸低头（或抬头），身体上半部上下振动。

背对横马，练习者仰卧在马上，另一人在后面扶着他的肩下压。要求把肩背部置于横马末端，压肩由轻到重。

体前屈，两手后面交叉握、翻腕，向上振动。要求两臂、两腿伸直，幅度由小到大。

（2）拉肩。

背对肋木站立，两臂上举，两手握肋木，抬头挺胸向前拉肩。要求胸部前挺，肩放松，幅度由小到大。

面对低山羊做手倒立，另一人帮助前倒进行搬肩拉肩。要求手离山羊近一点，幅度由小到大。

（3）吊肩。肋木、单杠、吊环反吊悬垂。要求开始可吊起不动，然后加摆动作，肩放松拉开。

（4）转肩。

单杠、吊环收腹举腿，两腿从两臂间穿过，落下后悬垂，又还原做正悬垂，要求后悬垂时沉肩放松到极限。

单杠悬垂，收腹举腿，两腿从两臂间穿地，落下成后悬垂，松一只手转体360°成悬垂，然后换另一只手做。要求转动时肩由被动转动到主动转动，由逆时针到顺时针进行转动。

利用体操棍、竹竿或绳子、橡皮带做转肩练习，随着灵活性提高，两手间握距逐步缩短，但要注意两臂同时转，不要先后转肩。要求肩放松，用主动练习和被动练习结合起来转肩。

2. 胸部柔韧训练

（1）仰卧背屈伸。可自己独立做，也可一人压腿，运动员只抬上体，要求主动抬上体，挺胸。

（2）虎伸腰。跪立，手臂前放于地上，胸向下压，要求主动伸臂，挺胸下压。

（3）面对墙站立，两臂上举扶墙，尽量让胸贴墙，幅度由小到大。

（4）背对鞍马头站立，身体后仰，要求充分伸臂，顶背拉肩，挺胸。

3. 腰部柔韧训练

（1）甩腰。运动员做体前屈和体后屈的甩腰动作。要求幅度由小到大，充分伸展背和腹肌。

（2）仰卧成桥。仰卧开始，两手反掌于肩后撑垫挺起胸腹，两臂伸直顶肩，拉开肩成桥。也可由同伴帮助，逐步过渡到独立进行。随着训练水平提高，手和脚的距离逐步缩小。

（3）体前屈。体前屈练习方法很多，这里介绍以下数种：

腿伸直并拢体前屈，两臂在两腿后抱拢，静止不动，停止一定时间。要求胸贴大腿。

坐垫子上，两腿伸直，同伴助力扶背下压。还可将两腿垫高，加大难度。要求下压一定时间后，再停留一定时间抱腿。

分腿站立体前屈，上体在两腿中间继续甩动。要求肘关节甚至头部应该向后伸出。

运动员坐垫子，两腿分开置于 $30\sim40cm$ 高长凳上，运动员钻入板凳下，教练员两手按其背下压。

运动员面对肋木坐下，臀部与肋木间垫实心球，两臂向上伸直握肋木，教练员在运动员背后半蹲，两手握运动员两足前摆。

4. 腿部柔韧训练

腿部柔韧训练，主要发展腿部前、侧、后的各组肌群伸展和迅速收缩的能力，以及髋关节的灵活性。

（1）压腿。压腿分正压、侧压和后压三个方向，将腿放一定高度进行练习。要求正压时髋正对腿部，侧压和后压将髋展开。

（2）开腿。开腿分正、侧、后三个方向，可由同伴把腿举起，加助力按。要求肌肉放松，不要主动对抗用力。

（3）踢腿。踢腿可扶把踢，也可行进中踢。常用踢腿方法有正、侧、后踢腿。还可采用两腿分别向异侧 $45°$ 方向踢出的十字踢腿。

（4）踹腿。踹腿要领同正踢腿。踢左腿时，左腰要向异侧 $45°$ 方向踢起，并自右经前至左划一弧形，到左侧时用右手击打脚面，踢右腿时同上法，相反方向也可做。要求每次踢腿时，膝关节一定要伸直。

（5）控腿。控腿按舞蹈基本功姿势，腿在三个方向上举，并控制在一定高度上。包括以下三种方式：

第一，前控腿：①直腿抬起的向前控腿；②膝盖先抬起然后再伸直控腿。

第二，侧控腿：上体正直，抬起的腿，髋关节必须展开，脚掌对准体侧，臀部不能向后突。

第三，后控腿：上体正直，后举腿的髋关节不能外旋，脚掌向上。

（6）弹腿。弹腿先将大腿向上提起控制不动，然后小腿迅速有力地前踢，伸直膝关节。

（7）劈叉。劈叉前后劈腿，同伴帮助压后大腿根部。左、右劈腿时应将两脚垫高，自己下压或由同伴扶髋关节下压。

5. 踝关节和足背训练

通过增加脚踝的柔韧性，可以提高跳跃能力。因为在小腿肌肉、比目鱼肌和足跟肌腱被拉伸后，肌肉会随着收缩而变得更强壮。

操作者支撑肋骨，将前脚放在椅子的边缘，上下推动重量然后在脚踝的最高角度停顿片刻，以拉长肌肉和肌腱。

练习者跪在垫子上，用自己的体重推动脚尖，或者，脚趾可以抬起，使脚的顶部在空中，然后向下推以增加力量。

练习者坐在垫子上，将重物放在脚趾上以按压脚背。

靠墙站立可以实现手腕运动，来回推动重心，用左右手的手掌挤压左右手的四个手指。

第三节　高校体育教学与运动训练的协调发展

"在高校教育教学逐渐深化改革的形势下，高校体育教学开始呈现出多元化发展趋势，运动训练也在高校体育教学中逐渐崭露头角，且有一定的独特性。"[1] 但是，在教学改革的过程中，体育教学和运动训练之间，并没有实现完美融合，一些学校的体育教学和运动

---

[1]　于俊振. 探究高校体育教学和运动训练的协调发展 [J]. 陕西教育（高教），2019（02）：23.

训练还不能实现协调发展。

在一些高校的认知中，体育竞技和体育教学是不同的，体育竞技是针对运动员而言的，而体育教学是针对高校大学生的，进行体育教学主要是为了让学生提高身体素质，强身健体，以良好的风貌投入大学的生活和学习中。因此，高校体育教师的教学目的就是根据日常体育教学要求，有效提升学生的身体素质，培养学生主动进行体育锻炼和体育健身的优良习惯。因此，高校要组织学生积极参加各项竞技体育运动，在竞技比赛中发现那些天赋异禀的体育苗子，如果不组织这些竞技活动，不仅有可能会将学生的体育天赋扼杀在摇篮里，还有可能会打消学生参与体育运动的热情。

现在的体育教育工作者通常持这样的态度：体育竞技应该是日常体育教学的重点，而体育健身应该作为体育教学的辅助。这主要是因为在体育竞技过程中学生完全可以达到强健体魄的体育目的。有体育专业的高校则要有规划地制订体育竞技计划，让多数学生参与到体育竞技活动中，用严格的日常训练达到促进学生发展、培养体育人才的教学目的。

一、高校体育教学与运动训练的关系

（一）高校体育教学与运动训练的差异性

高校开设的基本课程之一就是体育教育，这既是开展教学工作的基本内容，也是实现体育运动目标、完成体育运动任务的一种训练渠道。

一般情况下，体育运动是指不同专业的运动员在教练的带动和指导下，共同配合完成的过程。进行运动训练是为了大幅度提升运动员的竞技水平，因此在运动训练中为了实现这一目的会进行很多有针对性的训练、战术演练、分析、技巧讲述、对抗训练等各种有效措施。高校的运动训练就是为了实现体育运动目的或为了完成体育任务而进行的一项训练。

高校的体育教学和体育运动训练之间是密不可分、相互依存的。但体育教学相对于体育运动训练而言还有着一个显著的优势，那就是体育教学还能够促进学生人文素质和道德品质的培养。

（二）高校体育教学与运动训练的相互性

1. 体育教学和运动训练在内容上有交叉

①体育教学和运动训练的基础都是体育学科；②从体育教学和运动训练的指导理念上

看，都是为了实现体育运动目的或为了完成体育任务而进行的一项训练；③体育教学和运动训练在器材、场地配备上、师资力量要求上都有很严格的标准，这些都证明二者之间存在着重合之处，要促进二者的共同发展和进步。

2. 体育教学和运动训练在特点上存在不同

单从技术特点上来看，体育教学和运动训练的特点存在明显不同。体育教学是一项教学活动，会从不同角度、不同方面实施一项教学措施，是一项受众广泛、普遍传播的活动；运动训练则在目的上更直接、具体，就是要对某一运动或某方面的运动员或专业人才在特定的竞技项目上，进行单一、有针对性地训练，并且要通过训练达到取得优异成绩或在竞技比赛中获得胜利的目的。因此，相比较而言，运动训练针对性的特征更为明显。

二、高校体育教学与运动训练协调发展的策略

（一）传播协调发展理念

将协调发展理念进行广泛传播是做好体育教学和运动训练共同的前提条件。不管是在日常体育教学中还是在运动训练中，要想实现二者的协调发展，就要让协调发展理念深入人心，不管是教师还是学生都要牢固树立这种理念。

体育教师是高校的体育教育工作者，也是体育教学的组织、策划和直接实施者，因此，体育教师在教学过程中要时刻注意引导学生树立协调发展的理念，如果他们具备这种理念，那么他们将在教学中受益匪浅。

（二）丰富体育教学内容

体育教师在教学内容的规划和设计上，也要在依照教学大纲的内容基础上充分考虑学生的身体状况和学习的兴趣爱好，教师要树立阳光向上的体育教学理念。可以适时根据当下的热门运动或季节气候组织和安排相应的教学内容，从而达到提升学生学习乐趣、促使学生积极学习、顺利高效完成教学任务的目标。

体育教师在设计教学内容上，除了开展常见的跑、跳、投等基础运动项目外，还可以有针对性地根据学校运动场地和器材的具体现状，开展羽毛球、篮球、网球、足球、台球等多项有特色的体育项目，在女生较多的高校还可以适时开设健美操、瑜伽、舞蹈等适合女生的运动项目，这些项目可以提升学生的学习热情和积极性，促进学生的全面发展。

（三）优化体育教学手段

要想改变传统体育课堂上体育教师唱独角戏的现状，在日常的体育教学中就要适时改变教学方法、升级教学手段，安排有创意性、有挑战性、有特点的教学项目，从而提升学生学习的热情。

体育教师在体育课堂上和其他课余时间都要鼓励学生积极参与到体育运动中，在课堂教学中了解学生的内心感受、对体育教学的相关建议等，这样学生在整个过程中就找到了参与感，在课余时间就会积极进行训练，这样既提升了自身的身体素质，又提升了自身的道德人文素养，教师的鼓励和引导作用可以起到很好地推动作用。

在日常的体育教学过程中，体育教师在完成日常体育教学工作的同时，也要注意增加运动训练项目，通过教师的引导将体育教学和运动训练相结合，让二者优势互补、相辅相成，最终实现体育教学的发展。

第七章　高校体育运动训练的创新应用研究

第一节　高校体育运动训练中新媒体的创新应用

在网络信息技术快速发展、计算机快速普及的情况下，新媒体也实现了快速且稳定的发展，新媒体的出现在一定程度上打破了传统媒体发展过程中所受到的限制，新媒体为人们提供了更加开放、更注重交流的媒体服务，高校体育训练借助于新媒体技术也改变了过去所使用的教学结构、教学方法、教学模式，这在一定程度上让体育训练有了更明显的效果。

一、新媒体环境下高校运动训练新的特征

步入新媒体时代之后，高校体育训练教学可以借助于新媒体进行教学活动，高校体育训练可以和新媒体的发展进行融合，可以借助于融合的方式将二者的优势和特点结合起来，具体来讲，体育训练可以和新媒体结合体现出了以下特征：

第一，综合化特征。新媒体和高校体育训练结合之后，体育训练从之前的平面化训练转变成了立体化训练。现在的高校体育训练会综合运用文字信息、音乐信息、图片信息、视频信息，这种资源的综合利用使得体育教学变成了多元立体的体育教学，这样的教学方式可以激发学生的体育学习兴趣，有助于学生更好地学习体育知识。

第二，现代化特征。在过去，高校体育训练大多以教师为主，教师会通过示范教学的方式为学生展示教学内容，这样的教学方式相对无聊。引入新媒体之后，教师体育知识的传授、技术的教学可以使用更多的科学技术，尤其是互联网和手机这两种媒介的使用，让高校体育训练指导方式更加丰富，整体来看，体育指导训练方式更加现代化。

第三，统一化特征。新媒体具有极大的发展优势，所以，在未来，新媒体和高校体育训练的结合将会有更大的发展空间，会替换之前使用的传统训练模式，新媒体的普遍运用

可以整体提高体育训练的科学性、系统性，能够改变体育训练中的单一状态，并且为学生构建统一、科学规范的训练模式，学生使用这样的模式可以从体育训练中获得收益。

二、新媒体环境下高校运动训练的创新

（一）创新体育训练过程中的多方联动

高校管理层应该意识到新媒体对体育训练的重要性，并且积极主动地为新媒体和体育训练的结合进行规划，加大学校在二者结合方面的力度，与此同时，高校应该要求体育任课教师注重自身体育素质能力的提升，这样才能在体育训练中更好地运用新媒体技术，更好地在体育训练模式中推广新媒体。高校体育教师应该考虑学生的体育训练需求，然后借助于新媒体满足他们的个性化需求，这样才能推动体育训练的多媒体化发展。体育训练的主体是所有参与体育训练的大学生。作为主体的大学生应该敢于提出自己对体育训练的需求，这样，教师才能更好地根据他们的需求去完善教学过程，也只有这样，教师才能更充分地将新媒体的作用发挥出来。

（二）搭建体育训练的新媒体平台

对于体育训练来讲，新媒体平台的建设是至关重要的，高校应该研究当下新媒体具有的优势和缺点，在进行充分研究之后结合学校的体育发展情况设计适合学校的新媒体体育锻炼平台，平台的建设可以让师生更好地进行体育训练方面的交流与互动，体育教师也可以在平台中传输课堂学习需要的内容，可以让学生提前进行内容预习、内容训练。此外，学生也可以借助于平台提出训练方面的问题，教师可以及时对问题进行解答，借助于平台，教师对学生目前的学习状况以及未来的学习计划会有更清晰的了解，也能够提供更有针对性的帮助，可以说借助于该平台，学生的体育训练需求得到了更好的满足，体育训练也有了更高的教学效率。

（三）强化新媒体应用意识的良性引导

体育教学训练有时需要利用协作的训练方式，这种训练方式可以更好地激发学生的学习主动性，学生可以更积极地参与新媒体教学。除此之外，学生还会借助于新媒体去获取自己需要的信息，这极大地提高了学校新媒体设备的使用率。与此同时，学生也掌握了自己需要的知识，整体来看，协助化的训练方式让体育教学有了更好的发展，体育训练效果

有了更好的提升。

除此之外，教师还应该引导学生借助于新媒体应用展开合作学习，构建出友好和谐的互动学习氛围，让学生彼此帮助、互相扶持，这样才能让学生实现优势互补，才能促进学生的整体成长。

（四）创设新媒体融入运动训练的情境教学

体育训练除了注重时效性的提升之外，体育教师也应该为体育训练创设新媒体情境，新媒体情境可以为学生带来更好的训练体验感，学生也会更积极地参与体育训练，感悟体育训练的价值和魅力，这也有助于培养学生的体育兴趣，有助于学生坚持参与体育训练。之前传统教学过程中教师对动作进行的示范，可能没有办法让学生更全面地了解相关动作，这在一定程度上抑制了体育训练的效果提升。但是，新媒体的加入可以让学生一步一步地分解体育动作，可以让学生通过视频直接观看生动的体育动作演示视频，而且视觉的、听觉的多重刺激可以让学生更好地理解相动作特征，能够激发学生们的模仿行为。在这样的情况下，学生会获得更好的训练体验。

高校体育训练和新媒体技术的融合已经是发展的一种必然趋势，借助于新媒体技术，体育训练有了全新的交流形式、传播形式。高校应该转变自身的体育训练理念，积极引入新媒体，并且积极地对新媒体和体育训练的融合进行创新，让体育训练模式有所升级，这样才能提升学生的体育训练水平。

第二节　高校体育运动训练中大数据的创新应用

在信息技术快速发展的情况下，人可以借助于信息技术更快地收集信息、分析和处理信息，可以说人拥有巨大的数据处理能力，人可以通过数据研究去分析世界发展规律，人类可以利用大数据来带动教育、经济、文化、医疗的发展。在步入大数据时代之后，体育运动训练也关注到了训练的科学性，开始运用大数据模式分析体育训练。例如，可以让运动员佩戴具有传感器的设备，可以为教练提供能够连接互联网终端的设备，这样运动员的体育训练数据就可以被记录下来，然后借助于大数据技术去分析研究这些数据，判断运动员具有哪些优势，教练也可以根据大数据的结果进行战术布置，可以说大数据在运动训练中发挥了重要作用。

运动训练科学研究已经和大数据进行了融合，运动训练科学领域也热衷于讨论大数据技术，大数据技术除了为体育教练提供运动员的运动数据规律、比赛数据规律之外，还可以在运动员训练方法的优化方面提供支持。借助于大数据提供的结果，运动员可以展开更科学的训练，使用更科学的方法提高自身的比赛能力。在运用大数据的过程中，大数据除了可以对数据进行管理之外，它还有助于人们发现知识，能够改变人们的思维模式，也就是说，它不仅仅创新了方法和工具，还创新了人们的认知思维。

所以，运动训练科学研究需要结合大数据，需要借助大数据来解决运动训练科学研究中的难题，也需要借助大数据研究新的思维模式。

一、从单向度走向多维度

运动训练科学研究在早期主要关注的是与运动训练有关的局部因素，如研究运动技术、研究运动员的核心竞争能力、研究运动员的生理机能，可以发现大多数是从物理因素、机械因素或化学因素的角度展开的研究，在这样的研究下，运动训练形成的模式叫作生物学模式。

运动训练不仅和生物因素有关，还与运动员的心理因素、其他社会因素有关，而且这些因素对运动员的影响也比较大，甚至会直接决定比赛的胜负。大数据模式的加入实现了因素的整合利用、整合处理，可以说，在这个过程中数据的独特价值得到了充分发挥，并且真正构建出了运动训练的科学模式，该模式会对生物因素、心理因素、社会因素及自然因素进行综合研究。

二、从实体走向关系

现代社会研究的都是实体，实体指的是可以独立存在于社会中的不依附于其他事物而存在的事物。实体理论之所以成立是因为它相信世界中的物质有自己的本质，并且本质不变，这些物质结合之后就变成了外部世界。对于科学发展来讲，科学要完成的目标就是探究宇宙中存在的实体，在近代社会发展的过程中，科学研究受到了实体观念的影响，开展的各种训练基本都关注的是实体方面的研究。传统的运动训练科学也不例外，它在研究过程中使用的是分解还原方法。

在这种方式的指导下，所有的数据会被划分成不同的小数据。举例来说，中国足球在发展过程中使用的就是这样的模式，运动员所进行的集体训练、对抗训练会被分解变成非对抗形式的以个人为主的练习，在影响因素的分析方面也会将不同的因素割裂开来，单方面地进行肌肉训练、心率训练、弹跳能力训练、活力训练，并且通过单一的指标对运动员的足球能力进行评价。

实体的构建需要依赖于关系，对于实体来讲，关系是至关重要的。比如，原子需要原子核及其中的电子进行相互作用才能形成，而分子需要不同原子之间的关联才能形成，生命因为蛋白质和核酸之间的关系才得以形成。运动训练也一样，它不是由单纯的实体构建起来的，它依托的是实体之间的关系，所有与运动训练有关的因素都是存在彼此联系的，所有的因素都存在于一个复杂的关系网络中，这样的关系比实体本身还要重要。所以，在分析运动状态时，需要大数据转换思维，运用关联性思维去分析不同要素的状态，这样才能揭示出运动本身的发展规律。

三、从样本走向全数据

在大数据引入之后，运动训练之所以变得更加科学，是因为大数据可以将不同的元素信息之间的关联展现出来，借助于大数据技术，训练者可以清楚地知道不同因素之间的联系，可以更好地控制不同因素的发展与变化。

大数据作为一种研究方法会涉及各种数据的采集、分析、运用。在过去，人们进行运动训练科学研究的时候，受到当时数据处理能力的影响，人们只会使用一些抽样数据。抽样数据的特征是可以通过局部数据的分析去观察数据整体的发展趋势，但是数据抽样的是随机的，随着随机性越来越高之后，新样本能够发挥出的有效作用就会降低，人们从新样本中所获得的信息就会变少。因此，在进行运动训练数据研究的时候，不能仅仅关注正态分布，还要关注存在于细节中的一些有价值的数据。

第三节　高校体育运动训练中信息技术的创新应用

传统的体育教学主要是通过线下教学进行的，但随着时代的快速发展，信息技术开始对教育教学产生了影响。在信息技术的支持下，体育教学具有丰富的教学资源内容，先进的教学方法，多样的体育实践活动。如果将信息技术与体育教学结合起来，会极大地激发学生的学习兴趣，提高学生体育锻炼的积极性，实现学生自主进行体育活动的教学目标。

随着社会经济的快速发展，信息技术也得到了广泛的运用，因此在体育教学中融入信息技术的内容已成为新型体育教学的发展趋势。信息化体育教学需要依赖于安全可靠的校园网络建设，通过信息化体育教学可以让学生和教师保持线上的联络和互动，丰富学生的体育技能理论知识，拓宽学生的眼界，帮助学生增强体质，实现学生自主进行体育活动的教学目标。

就目前的体育教学方式来看，现代信息技术已经与体育教学内容充分联系在一起了。由于信息化体育教学有图片、视频等表现形式，因此这种教学方式具有直观性、形象化等优势，通过这种教学模式可以提高教学效率，实现教学目标。

一、信息技术对高校运动训练的作用

与传统的教学方式相比，现代信息技术具有体育资源丰富、信息与时俱进、时效快等特点，因此将现代信息技术与体育训练相结合，可以加快资源共享的步伐，既为学生提供更多优质的体育锻炼资源，又可以满足学生的相关需求，有效地提高学生的学习效率和体育运动的质量和水平。现在很多学校已经将微课和慕课这两种信息技术形式融入体育教学中，这就为体现学生的个性特征、实现优质教学提供了条件。

现代信息技术的使用有多方面的好处，如可以加快资源共享的步伐、提高上课的效率、提高学生体育运动的质量、满足学生的个性化需求、加强教师和学生之间的互动与联系、教师可以在线上随时关注学生的训练状况等，同时信息化体育教学还可以针对学生的训练情况进行考核和评价，促进教师和学生对相关内容的反思，这就为国家和社会培养更多的体育人才提供了条件。

二、信息技术支持高校运动训练的创新

（一）构建信息化的教学机制

构建信息化教学机制，将先进的信息技术与高校的体育训练系统相结合，形成一个数据收集与处理中心，这样可以借助信息化技术对学生运动状态的数据进行搜集、整理和分析，在此基础上教师可以更好地对学生的体育锻炼进行指导和帮助。例如，在进行垒球这一项活动时，可以对学生的发力点、掷垒球的动作、投掷的方向和风向等内容的数据进行分析，这样可以对运动员展开有效的针对性训练。通过对不同学生在不同阶段和训练时间内运动数据的分析，可以及时地纠正学生的动作行为，提高学生动作的准确性。

（二）创新虚拟的训练环境

创建虚拟的训练环境需要发挥现代信息技术在体育教学中的作用，通过信息技术可以

对体育锻炼的相关内容进行视觉模拟，这样的训练既可以提高学生的教学效率，又可以针对学生的学习兴趣和个性特征进行因材施教。在学生进行一段时间的体育锻炼之后，该虚拟的训练环境还可以对学生的学习效果和体育运动成果进行考核和测评。例如，VR场景模拟就可以将这视觉模拟技术运用到体育教学中；又可以利用虚拟的蹦床比赛场景对学生的蹦床内容进行训练，通过这样的教学方法可以提高学生的学习效果。

（三）实施远程教育

对学生进行体育教学的方式除了在学校进行的线下教学外，还可以开展远程教育。在现当代的教学过程中采用远程教育的学习方式，既可以为学生提供丰富的关于体育锻炼的信息资源，又可以为学生提供学习条件，这样就可以把线上教育和线下教育联系起来激发学生学习体育的兴趣，从而实现教师、学生、科研员和体育干部的有效配合。线上的体育教学资源内容丰富，信息先进周全，展现形式有图片、视频等丰富多彩的内容，而且远程教育还会对学生的体育锻炼的成果进行审核，提高学生的体质能力。

（四）进行模拟实践

在进行体育运动训练时可以充分发挥信息技术的作用，信息技术具有资源丰富、技术先进、内容具有时效性等特点，这样可以构建一个平台根据学生的个性特征和学习兴趣进行模拟实践，激发学生的学习兴趣，如可以模拟虚拟的排球室、篮球室等场所，为学生参与体育运动提供条件，满足学生在家也可以进行体育锻炼的需求。由此可见，模拟实践中心的创建为提高学生的体质水平奠定了基础。

（五）创新性教学

进行体育教学时教师要学会与时俱进，及时转变教学方法，更新教学观念，培养学生的创新能力和水平，在教学中进行创新性教学。在创新性教学的模式下翻转课堂就是其中一种新型的教学方式。翻转课堂是先让学生自主学习然后再由教师进行教学的教学模式，这种方法节约了课堂教学的时间，减轻了教师的教学压力，有利于教师对学生因材施教。创新性的教学模式可以更新体育教学方式，满足学生进行体育锻炼的需求。

第四节 高校体育运动训练中虚拟现实技术的创新应用

高校体育训练作为一项实践性强的综合教学活动，一旦体育训练有素，必然会为学生的课程学习带来积极的作用。尤其是在知识经济时代下，如何运用现代化技术实现高校体育的智能化训练，成为高校师生高度关注的一个焦点。"如今，虚拟现实技术已进入建筑设计、文化娱乐、工业级教育培训等多个领域内，其中，体育领域的虚拟现实技术多用于运动训练与教学中，基于此技术实现对训练科学水平、训练过程及技术动作的优化与完善"。[①] 虽然，虚拟现实技术提高了高校体育训练的效果，但是，如何更充分地发挥出虚拟现实技术的优势并突出高校体育训练的专业性、科学性及规范性，至今依然是值得不断实践探索的一个问题。

一、虚拟现实在高校运动训练中的优势

虚拟现实技术的交互性特点，可以实现人机交互的训练方式；它有感知性的特点，可以让学生在虚拟的场景中进行训练，感受体育带来的美妙；它还有沉浸性的特点，让学生可以完全沉浸在其中。在模拟现实技术使用之前，可以让相关的技术人员或者教师根据学生的学习状况和兴趣点，借助软硬件等各种设施对技术中的动作进行规定并测评，及时地发现并解决存在的问题，并对学生在做体育训练时的动作进行收集和分析，对学生的动作进行考核，从而提高学生的体育训练质量和水平。

目前很多高校的体育教学已经运用了虚拟现实技术，这种做法极大地突破了传统的体育训练方法，通过虚拟现实技术能够模拟出高校不能提供的训练场景，提供更多的教学资源，有趣灵活的教学方式可以激发学生学习的积极性，引导学生从被动学习到主动训练，实现思想上的根本改变，同时也可以避免一些同学因为进行体育锻炼而造成的不安全事故。这种虚拟现实技术的应用既能够满足高校体育训练的训练要求，实现既定的教学目标，又能够满足学生的个性发展需求，培养了学生的创新意识、体育精神、挑战能力。因此，把虚拟现代技术应用到高校体育教学中已成为必然的趋势。

---

① 张冰. 基于虚拟现实技术的运动训练仿真模拟系统 [J]. 电子设计工程，2021, 29 (10)：163.

二、虚拟现实在高校运动训练中的创新

高校体育训练，应充分认识到计算机虚拟现实技术的特点，并充分运用其优势与技术，在高校体育训练的每一个过程中都恰如其分地运用。

（一）体育训练仿真系统的应用

在高校的体育教学过程中学生在开展体育锻炼时，是需要花费大量的时间去练习相关的动作的，这是为了让体育动作更加正确，实现教学目标。其实，目前在很多高校的体育教学中就已经开始利用信息技术构建训练仿真系统了，这样的仿真系统除了可以督促学生进行体育训练以外，还可以针对学生的动作做出评价，指出其进行体育运动时存在的问题，从而能够根据学生的具体情况制订合理的运动训练计划，提供动作方面的指导，从而提高学生的整体效果。

针对体育训练设置的仿真系统依然是以虚拟技术为出发点的，这种技术对教师的要求较高，教师需要改变传统的教学方法，针对虚拟技术进行专门的学习和了解，学校也可以邀请相关的专家对教师进行培训和指导，帮助教师在掌握虚拟技术的基础上能够根据学生的具体学习情况重新制定和规划体育训练的相关内容，力求做到因材施教。教师利用仿真系统，既可以指导学生进行训练，又可以帮助学生纠正体育训练中动作。这样可以在教师和仿真系统的双重作用之下，可以更加准确和细致地分析出动作的差异性，并将其在实际的训练过程中加以运用，不断地对自身的动作行为进行纠正，从而提高学生的体质和体育训练的效果。

（二）构建虚拟的体育训练环境

构建虚拟的体育训练环境在某种程度上讲就是虚拟技术在高校体育教学中的实际应用，这样的虚拟体育环境可以模拟学生日常训练的场地，营造良好的体育训练的氛围，既可以增加训练的趣味性、时效性、积极性，还可以激发学生投入体育训练的热情和兴趣，从而能够满足学生的相关需求，提高学生的身体素质，有效地提高学生的学习效率和体育运动的质量和水平。

除此之外，教师也要发挥自身的指导和帮助作用，教师可以在虚拟的训练环境之中增加一些体育锻炼的内容，如赛前集训、考核内容、评价要求、动作的规范标准等，并制定打卡制度尽力让所有学生都加入体育训练中，并且根据每次的考核结果对优异的学生进行

奖励，这样就可以激励学生自主、自发、自觉地进行体育锻炼。

（三）实现体育异地互动训练

在高校的体育训练中融入虚拟现实技术有很多的好处，如可以打破时空限制、提供丰富的教学资源、场地自由、创景可以随意切换等，学生可以在这样的虚拟情境中进行交互式体育训练。在传统的高校体育训练过程中，有些体育项目由于师资匮乏、体育器械的缺少、体育环境的限制，学生不能够涉及更多的体育训练项目，还有的学生对某一感兴趣的体育项目没有办法进行训练，这样就会影响学生进行体育训练的积极性和热情。而在虚拟环境中就可以有效地解决这些问题，既满足了学生对体育项目的个性化需求，也提高了学生体育训练的质量。

虚拟现实技术自身的优势打破了传统的体育训练的瓶颈，解决了相关的训练问题，可以激发学生进行体育训练的积极性，使学生由被动的训练转为积极地参与，促进学生思想上的转变。虚拟现实技术的交互性、感知性和沉浸性等特点，可以实现人机交互的训练方式，让学生在虚拟的场景中进行训练，感受体育带来的美妙，使学生可以完全沉浸在其中。仿真系统可以根据学生的具体训练状况设定标准化的训练动作，营造相关的训练氛围，学生可以在运动训练中纠正自己的动作，经过长期的训练可以提高学生的体质体能和训练的质量，从而促进高校体育教学的持续性发展。

参考文献

［1］董波. 高校体育管理研究［M］. 西安：西安交通大学出版社，2017.

［2］房辉. 刍议体育微课在高校体育教学中的运用［J］. 当代体育科技，2022，12（01）：61-63.

［3］高嵩，黎力榕. 智慧体育教学环境建设发展趋势研究［J］. 广州体育学院学报，2019，39（04）：121-124.

［4］蒋米雪. 基于创新教育理念下体育教学方法的实施［J］. 冰雪体育创新研究，2022（08）：134-136.

［5］蒋明建，左茜颖，何华. 高校体育教学体系的建设与发展［M］. 长春：吉林大学出版社，2020.

［6］蒋占玉，王长顺. 体育教学设计探析［J］. 时代教育（教育教学版），2010（7）：123.

［7］李献军. 高校体育教学和运动训练的协调发展［J］. 商丘职业技术学院学报，2017，16（04）：106-108.

［8］梁金玉，冯国敏. "互联网+"背景下高校体育混合教学模式的应用研究［J］. 当代体育科技，2022，12（29）：7-10.

［9］林国庆. 基于智慧课堂的体育教学策略与应用［J］. 内江科技，2018，39（05）：71-72.

［10］刘佳，杨辉. 体育课程教学论［M］. 延吉：延边大学出版社，2017.

［11］刘建斌. 高校体育课堂延伸的领域及内容研究［J］. 文体用品与科技，2019（08）：121.

［12］刘子仪. 浅析提升高校体育课堂管理的有效措施［J］. 科技资讯，2021，19（05）：114-116.

［13］吕超，刘道喜. 混合式教学模式下微课引入高校体育教学的研究与实践［J］. 遵义

师范学院学报，2021，23（02）：160-163.

[14] 吕艳丽. 高校体育教学中核心力量训练的运用现状与方法研究［J］. 当代体育科技，2019，9（36）：15-16.

[15] 吕艳丽. 高校体育运动训练有效性的提升策略研究［J］. 体育世界（学术版），2019（01）：10+5.

[16] 马鹏涛. 高校体育教学改革创新与科学化训练研究［M］. 北京：新华出版社，2018.

[17] 饶国栋. 加强高校体育社团管理促进和谐校园建设［J］. 企业家天地下半月刊（理论版），2010（01）：87-88.

[18] 苏仪宣. 高校体育教学方法创新路径研究［J］. 内蒙古财经大学学报，2021，19（04）：61-63.

[19] 孙玮. 高校体育训练中如何提高耐力素质［J］. 当代体育科技，2020，10（12）：28+30.

[20] 唐进松，陈芳芳，薛良磊. 现代体育运动训练理论与方法探索［M］. 北京：中国商务出版社，2019.

[21] 田麦久. 运动员基础训练过程与训练计划的制订［M］北京：体育大学出版社，2006.

[22] 屠翔，徐晴. 如何提高田径中长跑训练中的效率研究［J］. 福建茶叶，2020，42（3）：287-288.

[23] 王丹. 体育教学的理论与实践探索［M］. 北京：北京理工大学出版社，2019.

[24] 王海生. 对竞技体育运动训练的创新思考［J］. 时代文学，2008（16）：202.

[25] 王淑华. 学分制下的北方高校"三自主"体育教学模式［J］. 冰雪运动，2015，37（06）：81-84.

[26] 王新平，王海景，韩旭. 体育运动中表象训练研究的发展及现状探讨［J］. 首都体育学院学报，2006，18（5）：43-44，48.

[27] 吴向明. 对田径运动短跑速度训练的方法学研究［J］. 成都体育学院学报，2003，29（6）：54-57.

[28] 吴小能. 体育科学化训练水平的现状分析［J］. 当代体育科技，2018，8（36）：39.

[29] 吴叶海，余保玲，陈婕. 田径运动训练中运动员的运动技术个性化问题探讨［J］. 北京体育大学学报，2001，24（3）：400-401.

[30] 伍天慧，谭兆风. 体育教学设计与实践的系统观［J］. 体育与科学，2005，26（2）：

78.

[31] 谢智，许文保，陈良缘. 高校体育课程线上线下混合式教学模式探索［J］. 内江科技，2023，44（01）：147-148+79.

[32] 徐家杰. 论素质教育与体育教学［J］. 武汉体育学院学报，2001，35（1）：9-12.

[33] 徐向军. 我国田径运动发展现状及训练对策研究［J］. 北京体育大学学报，2007，30（6）：840-842.

[34] 许喜红，胡德堂. 互联网+背景下高校体育"课内外一体化"教学模式优化研究［J］. 通化师范学院学报，2022，43（10）：119-125.

[35] 晏骏，毕进杰. 从达成到升华：体育教学的再审视［J］. 山东体育科技，2021，43（5）：58-62.

[36] 杨继宏. 创新驱动发展战略视阈下高校体育教学方法实施［J］. 黑龙江科学，2021，12（07）：100-101.

[37] 于俊振. 探究高校体育教学和运动训练的协调发展［J］. 陕西教育（高教），2019（02）：23.

[38] 余友儒，汪清详. 体育运动中引发运动损伤的心理致因及改善措施［J］. 首都体育学院学报，2003，15（3）：92-94.

[39] 原丽英，杨伟. 论体育教学过程［J］. 西安体育学院学报，2001，18（2）：87-88.

[40] 苑琳琳. 新时代高校体育教学方法创新［J］. 新课程研究，2021（06）：62-63.

[41] 张冰. 基于虚拟现实技术的运动训练仿真模拟系统［J］. 电子设计工程，2021，29（10）：163.

[42] 张大力，常爱铎. 高校"三自主"体育教学模式的异化及匡正［J］. 武术研究，2020，5（08）：137-139.

[43] 张洪潭. 从体育本质看体育教学［J］. 体育与科学，2008，29（2）：81-86.

[44] 张细谦. 体育课程与教学论［M］. 广州：广东高等教育出版社，2013.

[45] 张英波. 现代体能训练［M］. 北京：北京体育大学出版社，2007.

[46] 张泽. 高校体育教学管理发展困境及前景展望［J］. 长春师范大学学报，2021，40（08）：116-117.

[47] 章岚，顾丽燕. 论体育教学的本质［J］. 内蒙古师范大学学报（教育科学版），2001，14（2）：85-87.

[48] 章育新. 基于互联网+的高校公共体育课程混合教学模式的构建［J］. 体育风尚，

2022（11）：89-91.

［49］朱云霞. 多媒体课件在体育教学中的应用［J］. 中国教育技术装备，2018（09）：129-130.